«Muchos de nosotros esta[...] [...]urdo y perdiendo de vista nuestro prime[...] [...], en *Tu destino divino*, te invita a redescubrir la realidad de C[...]sto y sus pasiones. Este libro te desafiará, te incitará y aumentará tu influencia. Aunque te incomode justamente, te catapultará a actuar».

—CRAIG GROESCHEL, pastor principal de LifeChurch.tv; autor de *Noviazgo* y *Sin filtro*.

«Con *Tu destino divino*, Mark Batterson ¡volvió a lograrlo! Las preguntas que plantea me han llevado a tal descubrimiento de mí misma que amplió mi visión acerca del propósito que Dios tiene con mi vida».

—RUTH GRAHAM, conferencista y autora de *Fear Not Tomorrow, God Is Already There*

«Como líder y maestro, Mark Batterson trae consigo imaginación, energía y perspicacia. Su genuina calidez y su sinceridad se manifiestan en su comunicación, combinando un intenso amor por su comunidad con un apasionado anhelo de ver a sus integrantes llevar la vida que Dios ha soñado para ellos. Aprecio su disposición a arriesgarse valientemente y a hacer todo lo posible por alcanzar a nuestra cultura con un mensaje que tenga verdadera relevancia».

—ED YOUNG, pastor principal de Fellowship Church

«Mark Batterson, líder reflexivo y enérgico, nos lleva a pensar en la forma en que vivimos nuestra fe en el mundo que nos rodea. Cuando Mark quiere decir algo, me apresuro a escucharlo».

—FRANK WRIGHT, presidente y ejecutivo principal de National Religious Broadcasters

«En *Tu destino divino*, Mark nos lleva a través del Gran Mandamiento con ideas que son alentadoras y sabias, a la vez que incentivan la curiosidad y la convicción. Nos llama a un discipulado libre de los engaños de una decadente autoconmiseración con el objeto de que nos rindamos totalmente a los demás y prestemos atención al llamado de Jesús a "amar a Dios por encima de todo"».

—GARY HAUGEN, presidente y ejecutivo principal de International Justice Mission; autor de *Good News About Injustice, Terrify No More* y *Just Courage*

«Mark, estoy contigo. Ya es hora de que los creyentes sean más de lo que son. Escuchemos la voz de Dios y seamos ese santo y apasionado fuego que somos llamados a ser. Esa es la manera primitiva».

—SHAUN ALEXANDER, jugador más valioso (MVP) de la Liga Nacional de Futbol (NFL) en el año 2005, conferencista muy apreciado y autor de *Touchdown Alexander* y *The Walk*

TU
DESTINO
DIVINO

Mark Batterson

TU DESTINO DIVINO

Descubre la identidad de tu alma

www.EditorialNivelUno.com

Para vivir la Palabra

Para vivir la Palabra

MANTÉNGANSE ALERTA;
PERMANEZCAN FIRMES EN LA FE;
SEAN VALIENTES Y FUERTES.
—1 CORINTIOS 16:13 (NVI)

Originally published in English under the title:
Soulprint by Mark Batterson
Copyright © 2011 by Mark Batterson
Published by Multnomah Books
an imprint of The Crown Publishing Group
a division of Penguin Random House LLC
10807 New Allegiance Drive, Suite 500
Colorado Springs, Colorado 80921 USA

International rights contracted through Gospel Literature International
P.O. Box 4060, Ontario, California 91761 USA

This translation published by arrangement with
Multnomah Books, an imprint of The Crown Publishing Group,
a division of Penguin Random House LLC

Edición en español © 2019 Editorial Nivel Uno, una división de Grupo Nivel Uno, Inc.

Publicado por:

Editorial Nivel Uno, Inc.
3838 Crestwood Circle
Weston, Fl 33331
www.editorialniveluno.com

ISBN: 978-1-941538-68-5

Desarrollo editorial: *Grupo Nivel Uno, Inc.*
Diseño interior y portada: *Grupo Nivel Uno, Inc.*
Fotografía de portada: *shutterstock*

Impreso en USA

19 20 21 22 VP 9 8 7 6 5 4 3 2 1

Para mamá y papá...

Ustedes me ayudaron a descubrir la huella de mi alma.

Contenido

Tu destino divino

La persona más insípida y menos interesante con la que puedes hablar, es posible que un día sea una criatura que, si lo dices ahora, te sentirías fuertemente tentado a adorar... A la luz de esta abrumadora posibilidad... es como debemos conducirnos en todos nuestros tratos mutuos, todas nuestras amistades, todos nuestros amores, todos nuestros juegos, toda nuestra política. No existe nadie que sea *común y corriente*. Nunca le has hablado a un simple mortal.

— C. S. LEWIS, *Theweigh Tofg Lory*

N unca ha existido ni nunca existirá nadie igual a ti. Pero esto no es un testimonio a tu favor. Es un testimonio a favor del Dios que te creó. Tú no eres idéntico a ninguna otra persona que haya vivido jamás. Sin embargo, esa exclusividad no es una virtud. Es una responsabilidad. La exclusividad es un regalo que Dios te ha hecho, y al mismo tiempo es el regalo que tú le haces a Dios. Te debes a ti mismo *ser tú mismo*. Pero más importante aún es que se lo debes a Aquel que te creó y te dio un destino.

No te vayas a equivocar; este libro no es un libro de autoayuda. La autoayuda no es más que la idolatría, vestida de gala con un esmoquin alquilado. Así que permíteme que te sea franco: tú no eres lo suficientemente bueno, ni tienes los dones suficientes para llegar donde Dios quiere que llegues. Sin su ayuda, nunca.

Pero he aquí la buena noticia: no hay nada que Dios no pueda hacer en ti y por medio de ti, sencillamente si le entregas tu vida a Él. Toda. Todo tú.

> La autoayuda no es más que la idolatría, vestida de gala con un esmoquin alquilado.

Este libro lo tiene que ver todo contigo, pero no se refiere a ti en absoluto. El hecho de que nunca ha habido, ni nunca habrá alguien como tú, significa sencillamente que nadie puede adorar a Dios como tú, o en tu lugar. *Fuiste creado para adorar a Dios de una forma tal, que nadie más puede utilizarla.* ¿Cómo? A base de llevar una vida que nadie puede llevar por ti: tu propia vida. Tienes un destino único que cumplir, y nadie puede ocupar tu lugar. Desempeñas un lugar irreemplazable en el gran relato de Dios. Pero el cumplimiento de tu propio destino comienza con el descubrimiento de tu verdadera identidad. Y ahí es donde se encuentra el desafío.

La mayoría de nosotros vivimos toda nuestra vida como extraños para nosotros mismos. Conocemos más acerca de los demás, que acerca de nosotros. Nuestra verdadera identidad queda sepultada bajo los errores que hemos cometido, las inseguridades que hemos adquirido y las mentiras que hemos creído. Somos cautivos de las expectativas ajenas. Nosotros nos sentimos incómodos dentro de nuestra propia piel. Y gastamos una cantidad excesivamente grande de energía en nuestras emociones, relaciones y vida espiritual, tratando de ser quienes no somos. ¿Por qué? Porque es más fácil. Y pensamos que es más seguro. Sin embargo, tratar de ser quienes no somos equivale a renunciar a los derechos espirituales que tenemos por nacimiento. No se trata solo de que nos estemos mintiendo a nosotros mismos. Es que en algún momento del camino, nos perdemos de vista a nosotros mismos.

No puedo decir con seguridad en qué punto te encuentras dentro de tu camino hacia el descubrimiento de ti mismo. Tal vez te halles al frente, tratando de descubrir quién eres. Tal vez te encuentres totalmente al fondo, tratando de recordar quién habrías debido ser. O es posible que te encuentres en algún punto intermedio, tratando de cerrar el abismo que hay entre el

> Quiero que experimentes el gozo de descubrir *quién eres*, y la libertad de descubrir *quién no eres*.

que eres, y el que quieres ser. Dondequiera que te encuentres, quiero que experimentes el gozo de descubrir *quién eres*, y la libertad de descubrir *quién no eres*. No te va a ser fácil. Y no hay atajos. Pero si aún estás respirando, es que Dios no se ha dado por vencido contigo todavía. Así que no lo hagas tú. Deja que esta promesa inunde tu espíritu, porque te va a dar energía para tu lectura: *nunca es demasiado tarde para ser lo que habrías podido ser.*

En segunda persona

El descubrimiento de ti mismo se parece mucho a una excavación arqueológica. Hace falta una gran cantidad de tiempo para descubrir los tesoros escondidos que se hallan enterrados debajo de la superficie. Nunca puedes estar seguro de lo que vas a encontrar, ni de dónde lo vas a encontrar. Y es un proceso minucioso. Pero si no cavas profundo, la consecuencia será una vida superficial. Si vives como un extraño para ti mismo, ¿cómo puedes hallar la intimidad con las demás personas? La intimidad está en función del descubrimiento de ti mismo. Es difícil llegar a conocer realmente a los demás, si ni siquiera te conoces a ti mismo. Y más allá de las consecuencias que esto tiene en cuanto a tus relaciones, también tiene consecuencias en cuanto a tus ocupaciones. Si no has descubierto esos dones y pasiones que son exclusivamente tuyos, ¿cómo podrás hallar realización en lo que haces? Tal vez te ganes la vida, pero no tendrás vida. Nunca experimentarás el gozo de hacer lo que amas, y amar lo que haces. Y por último, lo más perjudicial de todo, son los efectos secundarios de la superficialidad. La superficialidad es una forma de hipocresía. Si no descubres la verdad, y toda la verdad, acerca de ti mismo, ¿acaso no te estás engañando? Tu vida se convierte en una verdad a medias.

Yo vivo en Washington DC, una ciudad donde la imagen lo es todo en una persona. Mega Greenfield, quien se pasó treinta años cubriendo la ciudad como periodista con el *Washington Post*, la comparaba con una escuela secundaria. Decía de la escuela secundaria que era un lugar «preeminentemente nervioso», y creía que Washington era peor aún. «La época de la escuela secundaria es el tiempo en el cual la gente se las ingenia por primera vez para tener una imagen», observaba Greenfield. «Es un intento por inventarse toda una segunda persona para el consumo público». Y es esa segunda persona la que tiene por resultado una vida de segunda mano. En lugar de narrar nuestras propias intervenciones en primera persona, vivimos una vida de segunda persona, a base de permitir que sean otros los que narren por nosotros nuestra vida. Y eso es hipocresía en su peor forma. Nuestra vida se convierte en una mentira. No solo nos engañamos a nosotros mismos y engañamos a otros cuando no descubrimos la identidad que nos ha dado Dios, y el destino que tiene dispuesto para nosotros, sino que también le hacemos trampas a Dios mismo. Esto es lo que escribe Greenfield:

> *La vida dentro de la imagen... exige continuamente un cuidado, una alimentación y, por encima de todo, una protección. Eso es lo peor de todo... Es como si nunca nos pudiéramos quitar la ropa...*
> *La mayoría de nosotros nos pasamos gran parte del tiempo disfrazados. Nos presentamos como pensamos que debemos ser. En Washington esto se presenta muy en exceso de la hipocresía común y corriente... que existe en todos los demás lugares.*[1]

Quisiera que esto solo fuera cierto en Washington, pero está en todas partes. De hecho, la superficialidad es la maldición de nuestra cultura. Y la razón primaria por la que vivimos como extraños a nosotros mismos, es que le tenemos miedo a lo que vamos a hallar si comenzamos a cavar. En realidad, no nos queremos ver tal como somos. Pero si podemos cavar más abajo que nuestra naturaleza caída, hallaremos la verdad que permanece sepultada debajo de nuestro pecado: la imagen de Dios. Encontraremos nuestra verdadera identidad. Y también nuestro verdadero destino.

En las páginas que siguen, vamos a cavar en nuestro pasado, en busca de pistas acerca de nuestro futuro. Desempolvaremos las mentiras que has creído y las inseguridades que has adquirido, hasta que se revele tu verdadera identidad. Y haremos descubrimientos, unos dolorosos y otros agradables, que cambiarán para siempre tu manera de verte a ti mismo. De hecho, nunca vas a ser como antes, porque te vas a ver a través de los ojos de tu Creador.

Pistas sobre el destino

El tiempo se medirá en minutos, pero la vida se mide en momentos. Y hay algunos momentos que son más grandes que la vida. Y son esos momentos decisivos los que dictan nuestra manera de ver la vida. Algunos de ellos son tan predecibles como un día de bodas, o el nacimiento de un hijo. Otros son tan impredecibles como un accidente. Nunca se sabe qué momento se podría convertir en un momento decisivo, pero la identificación de esos momentos es la clave para identificar quién eres.

Las investigaciones psicológicas sugieren que el concepto que la persona tiene sobre sí misma es definido por un número muy pequeño de experiencias. El noventa y nueve por ciento de las experiencias que tenemos en la vida se desvanecen como el vapor en el abismo del subconsciente. Solo el uno por ciento llega hasta nuestra memoria consciente. Y menos del uno por ciento de ese uno por ciento es no solo memorable, sino realmente inolvidable. Esos son los momentos que nos definen. Y el manejo de esos recuerdos es una forma de mayordomía. Todas las experiencias del pasado son preparaciones para alguna oportunidad en el futuro. Y una de las formas en que Dios redime el pasado, es ayudándonos a verlo a través de sus ojos; de su providencia. Por tanto, la clave para cumplir tu destino en el futuro se halla escondida en tus recuerdos del pasado.

Cuando nos miramos en un espejo, lo que vemos es un reflejo de las experiencias que hemos ido acumulando. Y los momentos decisivos son como rasgos definitorios. En cierto sentido, somos una suma de lo que hemos sido, lo que hemos hecho y las personas a las que hemos conocido. Sin embargo, hay unos pocos lugares, unas pocas experiencias y unas cuantas personas que nos dejan sus huellas de una forma tal que se convierten en parte de las huellas de nuestra alma.

Es posible que te estés preguntando qué es exactamente una huella en el alma. Piénsalo de esta forma: tus huellas dactilares te identifican de manera única, y te diferencian de todos los demás humanos que han vivido en todos los tiempos, pero esas huellas dactilares solo están en tu piel. Tú posees una exclusividad cuya profundidad llega hasta el alma. Yo la califico como la huella de tu alma. No se trata solo de quién seas, en tiempo presente. Es lo que estás destinado a llegar a ser, en tiempo futuro. No es solo lo que ven los demás cuando te ven desde fuera. Es lo que Dios te ha destinado a convertirte desde dentro hacia fuera. De una manera muy similar a tu código genético, que es el que programa tu anatomía física, las huellas de tu alma programan tu verdadera identidad y tu verdadero destino. Es decir, que mientras que tú vives tu vida mirando hacia delante, Dios trabaja hacia atrás. El Ser Omnisciente siempre comienza con la mente puesta en el final.

El mejor ejemplo de la forma en que Dios usa los momentos decisivos para revelar el destino de una persona se encuentra en la vida de David. Este escribió:

> Todo estaba ya escrito en tu libro;
>   todos mis días se estaban diseñando,
> aunque no existía uno solo de ellos.
>
> —SALMOS 139:16

Como sucedía con el salmista, todos tus días han sido dispuestos por Dios. Y tú eres quien tienes la santa responsabilidad de descubrir ese destino dispuesto por Él, tal como lo hizo David. Su epitafio habla por sí mismo:

David, después de servir a su propia generación conforme al propósito de Dios, murió, fue sepultado con sus antepasados.

—HECHOS 13:36

A pesar de su humilde origen y de sus inmensos errores, David cumplió con su destino. Y por eso, su vida le hace de telón de fondo a este libro. Él es el prototipo de esa huella en el alma. Los momentos decisivos o escenas de su vida sirven a un doble propósito, como pistas sobre el destino que te ayudarán a servir el propósito único que Dios tiene para ti en tu generación. En las próximas páginas vamos a analizar la vida de David de una manera tal, que te ayude a ti a descubrir tu propio destino.

> Los pasos del gigante Goliat se hicieron cada vez más fuertes a medida que este se le acercaba, pero aquello no sacó a David de su enfoque.

En el día más memorable de su vida, David se inclinó junto a un arroyuelo que no solo dividía un campo de batalla, sino que dividiría también su vida. Después de aquel día, la vida de David nunca sería igual que antes, y él lo sabía. Su vida estaba, o a punto de terminar, o a punto de comenzar.

Los pasos del gigante Goliat se hicieron cada vez más fuertes a medida que este se le acercaba, pero aquello no sacó a David de su enfoque, centrado con la precisión de un rayo láser. Como los niños que tratan de encontrar una piedra plana para hacer que salte sobre la superficie del agua, David andaba en busca de unas piedras pulidas en el lecho del río. Él sabía que la forma de la piedra determinaría su trayectoria cuando la lanzara con su honda. Entonces tuvo un momento; un momento decisivo. Cuando se arrodilló junto al arroyo, se vio reflejado en el agua, y fue como verse a sí mismo por vez primera. Todo el que había conocido a David en algún momento de su vida, incluyendo a su propio padre, veía en él nada más que un niño pastor. Pero mientras David contemplaba su reflejo en el agua, se iba revelando su verdadera identidad. David veía a la persona que Dios lo tenía destinado a ser: un matador de gigantes. Esa era su verdadera identidad. Ese era su verdadero destino.

Como las ondas formadas por David cuando metió la mano en el río, hay momentos decisivos cuyas ondas siguen caminando a lo largo de los años de nuestra vida. De hecho, cambian por completo su trayectoria. Ese es el tema central de este libro: la identificación de los momentos decisivos que nos revelan nuestro destino. Vamos a pensar en los cinco momentos decisivos que hubo en la vida de David como esas cinco piedras pulidas que él recogió del arroyo aquel día. Y aunque tú tengas unos cuantos momentos decisivos más, o menos, esos momentos decisivos de la vida de David te ayudarán a ver con mayor claridad tu propio reflejo.

L'immagine del cuore

Para el ojo no entrenado, solo era un pedazo de mármol mutilado. La escultura fracasada había sido abandonada medio siglo antes por Agostino di Duccio, pero un joven artista llamado Miguel Ángel vio en aquel mármol otro que los demás no veían. El tallado de aquel bloque de mármol de cinco metros y medio de altura consumiría cerca de cuatro años de su vida, pero aquella piedra aparentemente sin valor estaba destinada a convertirse en la que muchos consideran la estatua más grandiosa esculpida jamás por unas manos humanas. Giorgio Vasari, artista y escritor del siglo dieciséis, la consideraba casi un verdadero milagro. Miguel Ángel resucitó una piedra muerta y, poniendo en ella su aliento de vida como artista, trajo a la existencia a su *David*.

Mientras tallaba, Miguel Ángel tenía en la mente lo que él llamaba *l'immagine del cuore*; la imagen del corazón. Creía que la obra maestra ya se encontraba dentro de aquella piedra. Todo lo que él tenía que hacer era quitar la piedra sobrante para que *David* pudiera escapar de ella. No veía lo que era en esos momentos. Veía lo que podía ser, y que ya se encontraba en su corazón. No veía las imperfecciones que había en la piedra. Veía una obra maestra de una belleza sin paralelo. Y así es precisamente como el gran Artista te ve a ti.

> Porque somos hechura de Dios, creados en Cristo Jesús para buenas obras, las cuales Dios dispuso de antemano a fin de que las pongamos en práctica.
>
> —Efesios 2:10

Toda obra de arte tiene su origen en la imaginación del artista. Es decir, que tú te originaste en la imaginación de Dios. Es un pensamiento maravilloso, ¿no es cierto? Fuiste concebido por Dios mucho antes que te concibieran tus padres. Adquiriste forma en la imaginación del Todopoderoso antes de tomar forma en el seno de tu madre. Tú eres su «obra maestra», expresión que traduce el vocablo griego *póiema*. Y de este vocablo es de donde se deriva nuestra palabra *poema*. Pero se refiere a cualquier obra de arte.

Tú eres pintura suya.

Tú eres novela suya.

Tú eres escultura suya.

«Cristo es más artista que los artistas», observaba Vincent van Gogh. «Él trabaja en el espíritu vivo y en la carne viva; en lugar de hacer estatuas, hace hombres», Dios está pintando un cuadro de gracia en el lienzo de tu vida. Dios está escribiendo su historia, la historia, por medio de tu vida. Dios le está dando forma a tu carácter a través de las circunstancias de tu vida. Verte a ti mismo como algo que sea menos que una obra maestra de Dios, equivale a devaluar y distorsionar tu verdadera identidad. Y al descubrir su verdadera identidad, es donde se revela tu verdadero destino.

Ese sentido de destino es tu sagrado derecho de nacimiento como hijo de Dios. Y está anclado en la verdad que aparece en Efesios 2:10, y que acabo de citar. La expresión «preparó de antemano» se refiere a la costumbre oriental de enviar a los siervos por delante del rey a fin de prepararle el camino que tenía por delante. Estos siervos tenían la responsabilidad de hacer seguro el camino del rey, y cerciorarse de que llegara a su lugar de destino. Pablo tomó esa antigua imagen y la volvió al revés, o tal vez deberíamos decir que la enderezó. El Rey de reyes va delante de sus siervos para prepararles el camino. Nos sitúa de manera estratégica en el lugar correcto y el momento preciso. Dios te está situando. Y eso te debería llenar con una inquebrantable sensación de destino.

> Dios le está dando forma a tu carácter a través de las circunstancias de tu vida.

Un destino doble

El David, la obra maestra de Miguel Ángel, se halla en la Galleria dell'Accademia, en Florencia, Italia. Son miles los turistas que cada día esperan durante horas para poder verlo. Sin embargo, pocos de ellos notan la serie de esculturas sin terminar que se hallan a los lados del corredor que llega hasta donde está el David. Como prisioneros petrificados, sus formas son identificables: una mano aquí, un torso allá. Una pierna que sobresale, o tal vez parte de una cabeza. Estas estatuas tenían por propósito adornar la tumba del papa Julio II, pero *no están terminadas*. Casi parece como si las esculturas estuvieran tratando de liberarse, y convertirse en aquello que se quería que fueran, pero siguen atascadas dentro de la piedra. Miguel Ángel las llamaba «cautivas».

¿Alguna vez te has sentido como un cautivo tú también? ¿Has tenido esa sensación de que no te puedes liberar de unos hábitos de pecado que te han impedido progresar y te tienen retenido? ¿Un sueño que Dios concibió en tu espíritu hace años aún no ha tomado forma de la manera que tú querías? Tú sabes quién quieres ser, qué quieres hacer y dónde quieres ir, pero te da la impresión de que no puedes llegar hasta ese punto. Yo no tengo la menor idea sobre lo que te tiene atascado, ni la cantidad de tiempo que llevas así. Pero sí sé que Dios quiere terminar lo que ha comenzado.

> La salvación no es la meta final. La salvación es un nuevo comienzo. Cuando le entregamos nuestra vida a Cristo, Dios comienza a obrar.

En su primer sermón, Jesús proclamó su misión en unos términos muy claros: ¡liberar a los cautivos! (Lee Lucas 4:18). Nosotros tendemos a pensar en esa proclamación desde un punto de vista judicial. La salvación es nuestra tarjeta para salir gratis de la cárcel. Sin embargo, es mucho más que eso. Tal vez deberíamos pensar en esa proclamación desde un punto de vista artístico. Jesús no murió únicamente para desengancharnos de algo. Al morir, también tenía el propósito de resucitar a la persona que nosotros estábamos destinados a ser antes que el pecado distorsionara la imagen de Dios en nosotros. Y no solo nos libera espiritualmente. También nos libera emocional e intelectualmente, y en nuestras relaciones. Son muchas las cosas que nos mantienen cautivos. Nos mantienen cautivos nuestras imperfecciones y nuestras inseguridades. Nos mantienen cautivos nuestra culpa y nuestra ansiedad. Nos mantienen cautivos nuestras expectaciones, y una serie de mentiras y de errores. Jesús murió para liberarnos de todas esas cosas. No solo nos libera del que éramos. También nos libera para que nos convirtamos en el que estábamos destinados a ser. La salvación no es la meta final. La salvación es un nuevo comienzo. Cuando le entregamos nuestra vida a Cristo, Dios comienza a obrar. Empieza a usar nuestras circunstancias, cualesquiera que esas circunstancias sean, para tallarnos a su imagen.

Cuando de la voluntad de Dios se trata, nosotros tendemos a enfocarnos en el *qué* y el *dónde*. Sin embargo, *lo que estás haciendo* y *hacia dónde te diriges* son cuestiones secundarias. El principal interés de Dios se halla en aquel *en el cual te estás convirtiendo*. No tiene nada que ver con las circunstancias. Todo gira alrededor del carácter de Cristo que Dios está formando dentro de ti, hasta que te parezcas a Jesús, y actúes, sientas, hables, sueñes y ames como Jesús. La meta final no es una revelación sobre quién eres *tú*. La meta final es una revelación sobre quién es *Dios*. Al fin y al cabo, no te vas a encontrar a ti mismo mientras no hayas encontrado a Dios. La única manera de descubrir *quién eres*, es descubrir *quién es Dios*, porque fuiste hecho a su imagen.

> No te vas a encontrar a ti mismo mientras no hayas encontrado a Dios. La única manera de descubrir *quién eres*, es descubrir *quién es Dios*, porque fuiste hecho a su imagen.

Tienes un destino doble. En primer lugar, un destino que es universal: ser conformado a la imagen de Cristo. Seguir a Cristo es llegar a ser como Él. Ese es nuestro principal objetivo en la vida: ser como Jesús. Pero también tenemos otro destino que es único para cada uno de nosotros: ser diferente a todos los demás que hayan vivido sobre la tierra. Esos dos destinos parecerán encontrados entre sí, pero es todo lo contrario. Llegar a ser semejante a Cristo es llegar a ser diferente a todos los demás. Él es quien nos libera de lo que no somos, de manera que podamos llegar a ser los que estábamos destinados a ser.

Incalculablemente único

Como podrás recordar de tus clases de biología en la escuela secundaria, tienes cuarenta y seis cromosomas. Veintitrés proceden de tu padre, y veintitrés de tu madre. Y esa combinación exclusiva de cromosomas es la que lo determina todo, desde el color de tus ojos hasta el número de cabellos de tu cabeza. Tu identidad en parcialmente hereditaria. Y eso mismo sucede con la imagen de Dios. La imagen de Dios es al mismo tiempo tu herencia y tu destino.

La probabilidad matemática de que recibas exactamente los veintitrés cromosomas que proceden de tu madre es de 0,5 elevado a la vigésimo tercera potencia. Dicho de otra manera, es una en diez millones. Pero estas mismas proporciones son ciertas con respecto a los veintitrés cromosomas que recibiste de tu padre. Es decir, que si multiplicas ambas proporciones juntas, la probabilidad de que seas quien eres es solamente una entre un billón (10^{12}). Pero también tienes que tener en cuenta como factor el que la historia de los cromosomas de tus padres tuvo la misma probabilidad, y los de sus padres, y los de sus abuelos. ¿Hacia dónde me dirijo con todo esto? Hacia ayudarte a entender que eres incalculablemente único.

Todos comenzamos siendo originales únicos en nuestra clase, pero demasiados de nosotros terminamos siendo copias al carbón de alguna otra persona. En lugar de celebrar nuestra exclusividad, y la exclusividad de los demás, con demasiada frecuencia nos sentimos amedrentados ante ella. Renunciamos a nuestra exclusividad, porque queremos encajar dentro del grupo. En lugar de atrevernos a ser diferentes, sacrificamos las huellas que hay en nuestra alma sobre el altar de la conformidad.

Ralph Waldo Emerson escribió en uno de sus ensayos más conocidos, «Autosuficiencia»: «Hay un momento en la educación de todo hombre en el cual este llega a la convicción de que... la imitación es un suicidio. Necesita aceptarse a sí mismo, para bien o para mal». Yo creo que esto es precisamente lo que hizo David mientras se preparaba a su duelo contra Goliat:

> Luego Saúl vistió a David con su uniforme de campaña. Le entregó también un casco de bronce y le puso una coraza. David se ciñó la espada sobre la armadura e intentó caminar, pero no pudo porque no estaba acostumbrado.
>
> —1 SAMUEL 17:38–39 .

Armar a un guerrero para la batalla era todo un gran ritual en los tiempos de David. La armadura era una extensión del carácter del guerrero. David habría podido entrar en batalla vestido como un rey. Sin embargo, dijo: «No puedo andar con todo esto; no estoy entrenado para ello»1 Samuel 17:39. Así que se quitó todo aquello.

¿Qué habría sucedido si David hubiera salido al encuentro de Goliat sujetándose a los términos de su enemigo, con toda la armadura y todas las armas encima? Me parece que habría perdido, porque él no sabía manejar una espada. De hecho, es probable que nunca hubiera tocado siquiera una en toda su vida. Lee 1 Samuel 17:38–39. Para bien o para mal, David era pastor. La espada habría significado una gran amenaza para él, más que para el mismo Goliat, porque se habría herido a sí mismo. Pero con su honda, David era un enemigo mortal.

David decidió no revestirse de la armadura de Saúl... él no era Saúl. David decidió ser David.

David se encontró en una encrucijada. Tenía que tomar una decisión. Y era una decisión que determinaría su destino. Podía entrar en batalla como Saúl, llevando la armadura de Saúl, blandiendo la espada de Saúl, protegiéndose con el escudo de Saúl, o podía entrar en batalla como él mismo; como un pastor armado de una honda. Y David decidió no revestirse de la armadura de Saúl, ni blandir la espada de Saúl por una razón muy bienaventurada: él no era Saúl. David decidió ser David. Y nosotros nos enfrentamos a la misma decisión. En todas nuestras vidas llegamos a un punto en el cual necesitamos la valentía necesaria para quitarnos la armadura de Saúl. Y esta es la forma de valentía que más escasea. Es la valentía para ser nosotros mismos.

Lo que más lamentaremos

En unas vacaciones recientes que tomé con mi familia, en las que atravesamos las Colinas Negras de Dakota del Sur, nuestra primera parada fue el Memorial dedicado a Crazy Horse. En 1948, el jefe lakota Henry Standing Bear le encomendó a Korczak Ziółkowski que tallara una montaña en honor del famoso líder guerrero Crazy

Horse. Lo más irónico de todo, si has leído su historia, es que Crazy Horse nunca permitió que lo fotografiaran. Me pregunto qué habría pensado acerca de su estatua de ciento setenta y dos metros de altura en la cara de granito de las Colinas Negras. Ziółkowski invirtió más de treinta años de su vida tallando la estatua, que está planificado que tenga dos metros y medio más de alto que el Monumento a Washington, y sea nueve veces más grande que los rostros de los presidentes en el monte Rushmore. Después de la muerte de Ziółkowski en 1982, su familia ha seguido adelante con la visión que había comenzado su padre. La fecha de terminación que tienen proyectada es el año 2050.

Esa visión, la de tallar la que será la escultura más grande del mundo, nos trae a la mente una pregunta: ¿por qué pasarse toda una vida tallando una estatua de un tamaño muy superior al normal? En palabras de Ziółkowski, «Cuando tu vida haya terminado, el mundo solo te hará una pregunta: ¿qué hiciste de entre todo lo que se suponía que debías hacer?».

¿Por qué los compositores escriben música? ¿Por qué compiten los atletas? ¿Por qué los políticos aspiran a ocupar puestos en el gobierno? ¿Por qué los empresarios echan a andar sus negocios? ¿Por qué los médicos practican la medicina? ¿Por qué enseñan los maestros?

Ciertamente, son muchas las respuestas que se podrían dar a estas preguntas, pero la respuesta correcta es la siguiente: lo hacen para darle expresión a algo que llevan muy dentro de su alma. Ese algo es la huella en el alma. Nuestra realización la encontramos cuando hacemos aquello que fuimos originalmente diseñados para que lo hiciéramos, y en última instancia, destinados a hacerlo. El canto, o los puntos, o la legislación, o la compañía, o la cirugía, o el plan de estudios, son más que la obra de tus manos. Son una expresión de tu alma. Son una reflexión de la huella de tu alma.

Una de las cosas que más lamentaremos, es no haberle dado expresión a esa huella en el alma. Una persona debe convertirse en aquello en lo que se puede convertir; de lo contrario, nunca será feliz. Esa es la única manera de ser fieles a nosotros mismos y, más importante aún, fieles a Dios. «La forma más profunda de desesperación», advirtió Søren Kierkegaard, «consiste en tomar la decisión de ser alguien que no somos».

Al final del día, Dios no nos va a preguntar: «¿Por qué no fuiste más parecido a Billy Graham o a la Madre Teresa?» Ni siquiera nos preguntará: «¿Por qué no fuiste más parecido a David?». Lo que nos va a preguntar es: «¿Por qué no fuiste más parecido a ti mismo?».

Una santa seguridad

David era el menor [de los hermanos].
Siguieron, pues, los tres mayores a Saúl.
Pero David había ido y vuelto, dejando
a Saúl, para apacentar las ovejas de su
padre en Belén.

—1 Samuel 17:14–15

Alrededor de principios del siglo veinte, un pionero de la psicología llamado Alfred Adler propuso una teoría aparentemente contraria al sentido común: la teoría de la compensación. Adler consideraba que las cosas que se perciben como desventajas terminan siendo ventajas disfrazadas, porque nos fuerzan a desarrollar actitudes y capacidades que de lo contrario habrían quedado sin descubrir. Y solo cuando compensamos por esas desventajas es cuando se revelan nuestros mayores dones. El setenta por ciento de los estudiantes de arte que estudió Adler tenían anomalías ópticas. También hizo la observación de que algunos de los más grandes compositores de la historia, entre ellos Mozart y Beethoven, tenían indicios degenerativos en sus oídos. Y citó una gran cantidad de ejemplos más, procedentes de una amplia variedad de vocaciones, de personas que compensaron sus debilidades a base de descubrir nuevos puntos fuertes. La conclusión de Adler es que las desventajas que percibimos, como los defectos de nacimiento, las dolencias físicas y la pobreza, pueden convertirse en trampolines hacia el éxito. Y ese éxito no se logra *a pesar* de esas desventajas que hemos percibido. Se logra *acausa de* ellas.

Otros estudios posteriores han añadido credibilidad a la teoría de Adler. Por ejemplo, en un estudio hecho entre dueños de negocios pequeños, el treinta y cinco por ciento de ellos se identificaban a sí mismos como disléxicos.[1] Aunque ninguno de nosotros querría que sus hijos tuvieran dislexia, debido a las limitaciones académicas que la acompañan, esa desventaja obligó a este grupo de empresarios a cultivar unos conjuntos distintos de habilidades. Algunos de ellos se hicieron más competentes en la comunicación oral, porque la lectura les era muy difícil. Otros aprendieron a apoyarse en unas habilidades sociales bien desarrolladas para compensar los retos a los que se enfrentaban en el aula de clase. Y todos ellos cultivaron una ética de trabajo que habría quedado dormida si les hubiera sido fácil la lectura.

Es posible que nuestras mayores ventajas no sean las cosas que percibimos como nuestras mayores ventajas. Tal vez, nuestras mayores ventajas se encuentren escondidas en realidad dentro de nuestras mayores desventajas, si aprendemos a hacer uso de ellas. Y una clave para descubrir la huella de tu alma consiste en identificar esas desventajas por medio de un inventario de tu propia persona hecho de manera cuidadosa, lo cual es a veces doloroso.

Tu destino está escondido en tu historia, pero con frecuencia se halla escondido donde menos esperarías hallarlo. No se revela solamente en tus dones y capacidades naturales; también se revela en las habilidades compensadoras que has tenido que desarrollar debido a las desventajas que has tenido que superar.

Cuando yo estaba comenzando en el ministerio, me sentía frustrado por el hecho de que tenía que predicar a partir de un escrito. Tenía amigos que podían predicar a partir de un bosquejo, o simplemente escribir unas cuantas notas en una tarjeta. Yo no podía hablar de manera improvisada. Tenía que dedicar largas horas al estudio, y leer más libros, después tenía que escribir y volver a escribir palabra por palabra. Era frecuente que me quedara despierto hasta las tres de la madrugada en las mañanas de domingo, poniéndoles los toques finales a mis escritos, y esto sucedía después de haber trabajado en el mensaje durante más de veinte horas. Yo pensaba que mi incapacidad para hablar de manera improvisada era una limitación, pero lo que yo percibía como una desventaja para la predicación resultó ser una ventaja para la redacción. Los originales de aquellos sermones, después de algunas adaptaciones y alteraciones, se convirtieron en originales de libros. Y sin aquello que yo percibía como una desventaja, no creo que hubiera cultivado mis dones en la redacción. En mi caso, escribir es una habilidad compensatoria.

¿Cuándo fue la última vez que alabaste a Dios por lo que tú percibías como una desventaja, o le diste gracias por los desafíos que has tenido en tu vida? Sin ellos, nunca descubrimos ni desarrollamos las habilidades compensatorias que Dios quiere usar como trampolín para llevarnos a nuevas alturas en nuestra espiritualidad, nuestras relaciones y nuestras ocupaciones. Nuestras fortalezas están escondidas dentro de nuestras debilidades. Nuestras ventajas están escondidas dentro de nuestras desventajas. Y nadie es un ejemplo mejor de esto, que el rey que vino disfrazado de pastor. Su mayor ventaja fue resultado directo de una desventaja percibida. Y sin esa desventaja, él nunca habría cumplido su destino.

Una escena en retrospectiva

Permíteme describirte la escena.

> Nuestras fortalezas están escondidas dentro de nuestras debilidades. Nuestras ventajas están escondidas dentro de nuestras desventajas.

El reloj sigue sonando, y la mente de David se mueve con inmensa rapidez. Como una súbita inundación, los recuerdos del pasado le inundan el consciente. David solo es un adolescente, pero su corta vida va pasando a gran velocidad frente a sus ojos. Eso es lo que sucede cuando uno se halla frente a frente con la muerte. En este caso, la muerte es un gigante de casi tres metros de altura.

David está repasando a toda velocidad sus experiencias del pasado, con la esperanza de encontrar algo, sea lo que sea, que le ayude en su difícil situación del momento. Y eso es lo que sucede. Algo desata un recuerdo. Tal vez sea la altura del sol en el cielo, o el sonido de una ramita que se quiebra, o la brisa que baja de las colinas, pero sea lo que fuere, David ve algo en retrospectiva. Un león rugiente se abalanza sobre su mente, con un aspecto tan feroz como aquel día en que él estaba cuidando las ovejas de su padre en las afueras de Belén. Un chorro de adrenalina le recorre las venas mientras recuerda la lisa piedra que había puesto en su honda. David calma sus nervios, estabiliza la mano y apunta hacia la frente del león. La piedra da en el blanco, aturdiendo al león el tiempo suficiente para permitir que David acabe con él con sus propias manos, sin arma alguna.

En ese momento, en este recuerdo, se evapora el temor y se hace más espesa la seguridad. No solo ha comprendido algo. Se trata de una revelación. No se trata de una seguridad en sí mismo. Es una seguridad santa. Aquel filisteo circunciso que lo está mirando desde la altura no tiene nada de diferente con los animales salvajes a los que David se había enfrentado y contra los cuales había peleado mientras cuidaba de las ovejas. David conecta sus experiencias del pasado con sus circunstancias del presente, y esto le llena por completo el alma con una sensación de destino.

> A mí me toca cuidar el rebaño de mi padre. Cuando un león o un oso viene y se lleva una oveja del rebaño, yo lo persigo y lo golpeo hasta que suelta la presa. Y si el animal me ataca, lo sigo golpeando hasta matarlo. Si este siervo de Su Majestad ha matado leones y osos, lo mismo puede hacer con ese filisteo pagano, porque está desafiando al ejército del Dios viviente. El SEÑOR, que me libró de las garras del león y del oso, también me librará del poder de ese filisteo.
>
> —1 SAMUEL 17:34–37

Todas las experiencias del pasado son una preparación para alguna oportunidad en el futuro. Dios no se limita a redimir nuestra alma. También redime nuestras experiencias. Y no solo las buenas. También redime las malas; en especial las malas. ¿Cómo? A base de cultivar carácter, desarrollar dones y enseñar lecciones que no se pueden aprender de ninguna otra forma.

Todas las experiencias del pasado son una preparación para alguna oportunidad en el futuro.

Muy pocas veces aprendemos las lecciones más importantes de la vida en un aula de clase a través de unos conocimientos de segunda mano. Cuando nos apoyamos en esos conocimientos de segunda mano, el resultado es una vida vicaria. Te conviertes en un extra dentro de tu propia historia, en lugar de asumir el papel de protagonista. Las expectativas de los demás se convierten en tu guión. Y vives de las experiencias de ellos, en lugar de crear las tuyas propias.

Las lecciones más importantes se aprenden en el aula de la vida por medio de experiencias personales. Los exámenes son difíciles, pero no hay plan de estudios más eficaz. Y la manera de aprobar el examen es cultivar el carácter, desarrollar el don o aprender la lección que Dios te está tratando de enseñar por medio de esa experiencia. Una cosa que me ha ayudado a mí a soportar los desafíos a los que me he enfrentado en mi vida, es verlos como oportunidades para aprender. Si aprendes la lección que Dios te está tratando de enseñar, cualquiera que sea el giro que tomen los acontecimientos, no habrás perdido el examen. De hecho, no lo podrás perder.

Cada uno de esos animales salvajes que atacaron al rebaño de David era una especie de examen sorpresa. Ponían a prueba su carácter y sus habilidades. David habría podido sacrificar sus ovejas en aras de su seguridad personal, pero pasó con éxito el examen a base de arriesgar la vida por su rebaño. ¿Por qué es esto tan significativo? Porque Dios lo estaba preparando para que pastoreara el rebaño de él, la nación de Israel. Además, estaba cultivando en él una habilidad compensatoria que cambiaría su destino personal y la historia de Israel.

En el papel, es evidente que David se hallaba en desventaja. ¡Ni siquiera pertenecía al ejército! Si alguien se iba a enfrentar a Goliat, ese tendría que ser un guerrero entrenado, ¿no es cierto? Sus hermanos parecían estar más calificados que él. David ni siquiera sabía blandir una espada ni tirar una lanza. Todo lo que había estado haciendo era cuidar ovejas. Pero esa desventaja percibida le daba la ventaja que necesitaba para derrotar a Goliat. Los soldados israelitas eran entrenados de la misma manera que se entrenaba a los filisteos. Y nadie iba a derrotar a Goliat en un combate cuerpo a cuerpo. Nadie, y David en especial, podía estar a la altura de la fortaleza o las habilidades de Goliat. No es posible combatir a un gigante siguiendo sus condiciones. Es necesario cambiar las reglas del combate. La mejor forma de combatir a un gigante es usar una honda a veinte pasos de distancia. Y esa era una habilidad que los pastores tenían que cultivar por necesidad. Así que, aunque da la impresión de que David no estaba preparado en absoluto, en realidad estaba perfectamente preparado. Y aunque parezca que se había encontrado en el lugar menos adecuado y en el momento menos oportuno, David estaba perfectamente sitiado en su lugar.

Las líneas marginales

Cuando yo estaba en la escuela secundaria, jugaba baloncesto bajo la dirección de un entrenador que, como todos los entrenadores, tenía sus idiosincrasias. Durante mi penúltimo año, yo siempre salía del banco como el sexto hombre, lo cual quería decir que siempre estaba luchando por entrar en el juego durante un tiempo, y aprendí muy pronto que nuestro entrenador sacaba del partido a los jugadores cuando cometían errores. Lo hacía de la siguiente manera: tomaba a quienquiera que estuviera detrás de él en el banco, lo enviaba a la mesa del anotador, y lo metía a jugar lo más pronto posible. Si tú estabas al final del banco, estabas fuera de su vista y ni se acordaba de que existías. Así que, durante los corrillos, cuando todo nuestro equipo se levantaba del banco, yo siempre trataba de conseguir el lugar que estaba junto a nuestro entrenador cuando nos volvíamos a sentar. Era algo parecido al juego de las sillas y la música. Aquel año jugué bastante tiempo en los partidos, gracias a mi posición estratégica en el banco.

Como cualquier atleta, detestaba sentarme en las líneas marginales. Quería entrar al partido. Quería contribuir al juego de nuestro equipo. Quería ayudar a conseguir la victoria. Pero uno no puede hacer eso, si no está en la cancha. Para alguien con un cierto impulso competitivo, no hay nada peor que quedarse estancado en el banco. Y me pregunto si así es como David se sintió cuando vio que sus hermanos se marchaban a la guerra. Quería ir con ellos. Quería estar en la línea del frente, pero se quedó estancado en la línea marginal. Quería estar en el campo de batalla, pero se había quedado estancado en el campo de los pastores. Ahora bien, si aprendemos algo de esta escena dentro de la vida de David, es esto: él no ganó la batalla con Goliat en el valle de Ela. La ganó en las colinas de los alrededores de Belén.

David se debe haber sentido como si lo hubieran enviado a comer pasto. Qué desilusión cuando lo pasaron por alto al reclutar los guerreros. Pero lo que David no compendió en aquel momento fue que Dios lo estaba preparando para que entrara en el juego. Y así es como Dios está obrando también en tu vida. Te está preparando para tu cita con el destino. Te lo aseguro. Pero también te aseguro que lo está haciendo de unas maneras que son virtualmente imposibles de detectar. Y mientras no llegue el momento en que te encuentres frente a frente con el desafío más grande de tu vida, Dios no te va a revelar cómo, ni cuándo, ni dónde te ha estado preparando. Entonces será cuando reconocerás que la batalla no se gana en el campo de batalla. Se gana o se pierde mucho antes.

Hay un tiempo para estar en la línea del frente, pero también hay un tiempo para estar en las líneas marginales. Hay un tiempo para estar en el centro de la atención, pero también hay un tiempo para estar en las sombras. Moisés había tenido que cuidar ovejas durante cuarenta años antes de poder guiar al rebaño de Israel. Los discípulos habían tenido que pescar peces antes de poder pescar hombres. Y hasta Jesús necesitó trabajar en obras maestras de madera antes de hacer de nosotros obras maestras. Cada cita divina va precedida por una temporada de preparación. Y si nosotros nos sometemos a esa preparación, Dios cumplirá su promesa. Si no nos queremos someter, no la cumplirá. ¿Por qué? Porque Dios nunca nos prepara para el fracaso.

Yo asistí a un centenar de conferencias antes de llegar a hablar en una de ellas. Leí miles de libros antes de escribir uno. Y no cambiaría por nada esas temporadas en las líneas marginales. No querría regresar a los días en los que era un personal de un solo hombre, predicando sermones, dirigiendo la adoración, copiando los boletines, aconsejando a las parejas, respondiendo a los teléfonos, editando los videos y organizando ministerios de alcance. Pero tampoco cambiaría por nada esa temporada. Es el tiempo que pasamos en las líneas marginales el que nos prepara para las líneas del frente. Hasta los que son reclutados en la primera vuelta y poseen unas habilidades atléticas asombrosas, necesitan pasar algún tiempo

> Dios está obrando en tu vida. La batalla no se gana en el campo de batalla. Se gana o se pierde mucho antes.

en las líneas marginales, aprendiendo los detalles del partido en el nivel de la NFL. Los jugadores que redimen el tiempo que pasan en las líneas marginales son los que se preparan para obtener el éxito cuando por fin logran entrar en la cancha.

Una clave para que realices tu destino consiste en reconocer la clase de temporada en la que te encuentras. Si no lo haces, experimentarás un alto nivel de frustración y desánimo. Por ejemplo, hay temporadas en las cuales aprender a ser líder no es tan importante como aprender a ser seguidor. Hay temporadas en las cuales saber manejar los fracasos tiene un valor mayor que saber manejar los éxitos. Yo les digo a todos los fundadores de iglesias con los que me encuentro que los cinco primeros años no cuentan, porque Dios tiene que hacer crecer al líder antes de hacer crecer aquello que esa persona está guiando. No te preocupes por el crecimiento de tu iglesia. Si tú personalmente estás creciendo, el crecimiento de la iglesia vendrá por su propia cuenta.

No te enfoques en encontrar a la persona perfecta; enfócate en convertirte tú en esa persona perfecta.

Uno de los mayores errores que cometemos consiste en enfocar toda nuestra energía en la próxima etapa de la vida, en lugar de disfrutar de la etapa en la cual estamos. Y yo veo una manifestación obvia de esto en la congregación que pastoreo. En un setenta por ciento, nuestra congregación está formada por gente soltera de veintitantos años de edad. Muchos de ellos quisieran estar jugando el juego de las citas amorosas, pero en lugar de hacerlo, están jugando el juego de las esperas. Quieren estar en la primera línea de las citas, pero se hallan atascados en las líneas marginales. Este es el consejo que les doy continuamente: no te enfoques en encontrar a la persona perfecta; enfócate en convertirte tú en esa persona perfecta. La cuestión no está en encontrar a la Srta.

Correcta. Está en convertirte en el Sr. Correcto. En el plan general de Dios, el asunto nunca es coordinar las circunstancias correctas. Siempre es que nos convirtamos nosotros en las personas correctas. Y algunas veces, las peores circunstancias son las que pueden sacar de nuestro interior lo mejor que tenemos. De manera que, algo que percibimos como la peor de las circunstancias, en realidad puede producir algo correcto, o incluso justo, en nosotros.

Los retrasos divinos

Yo tengo dos llamados principales: pastorear y escribir. Pero los caminos por los cuales llegué a cada uno de estos dos destinos fueron muy diferentes. La senda hacia el pastorado fue una senda directa, mientras que la senda hacia la labor de escritor estuvo llena de callejones sin salida. Media docena de escritos originales quedaron abortados antes que por fin publicara mi primer libro. Me sentí llamado a escribir cuando estaba en el seminario, pero me tomó trece años hacer realidad ese llamado. Ni siquiera puedo expresar con palabras la frustración que sentía, y con cada año que pasaba, se iba haciendo peor. Detestaba celebrar mi cumpleaños, porque me recordaba anualmente que había pasado otro año sin que hubiera cumplido mi destino. Durante una temporada de una fuerte frustración, le pedí a Dios que me quitara ese deseo y ese sueño. Sin embargo, él no lo hizo. ¿A ti te ha pasado eso? Tu sueño te parece como un espejismo que se sigue manteniendo a la misma distancia, por rápido que lo vayas persiguiendo. Sabes que tienes un destino que cumplir, pero el tiempo que ha pasado hace que pienses diferente sobre ti mismo.

Yo estaba a punto de darme por vencido en cuanto al sueño de escribir cuando decidí darme una última oportunidad. Me impuse a mí mismo que mi cumpleaños sería la fecha límite. Hice un ayuno de cuarenta días para enfocar mis energías. Y por fin, publiqué por mí mismo mi primer libro, poco antes de cumplir los treinta y cinco años. Ver impreso mi primer libro fue más un alivio que otra cosa. En realidad, no me regocijé. Sencillamente, alivié la frustración que había estado sintiendo durante tantos años. Han pasado unos pocos años desde que se publicó ese libro, y mi percepción de ese sueño pospuesto es ahora muy diferente. Estoy muy agradecido de que me haya tomado tanto tiempo. He aquí por qué: si yo hubiera escrito mi primer libro a los veinticinco años, en lugar de hacerlo a los treinta y cinco, habría sido todo teoría, sin nada de sustancia. No había vivido lo suficiente. Habría estado escribiendo a partir de conocimientos de segunda mano, en lugar de escribir a partir de mis propias experiencias. Y a mis libros les habría faltado la credibilidad que acompaña a la experiencia.

Todos detestamos tener que esperar. Queremos que nuestros sueños se conviertan en realidad... ayer. Pero yo he llegado a valorar eso que ahora llamo «los retrasos divinos». Dios está más interesado que tú mismo en que llegues hasta donde él quiere que vayas. Así que respira hondo, disfruta del camino y estate consciente de que Dios te llevará hasta allí cuando estés listo para llegar allí. Tu frustración actual va a ser causa de una celebración futura si te mantienes firme el tiempo que sea necesario. ¡No te des por vencido! Dios está creando en ti una resistencia emocional. Y la clave de la resistencia emocional consiste en experimentar altos niveles de desilusión que nos quebrantan, de manera que Dios nos pueda volver a edificar, poseedores esta vez de una santa seguridad. Cada vez que me siento emocionalmente tenso, me recuerdo

> Tu frustración actual va a ser causa de una celebración futura si te mantienes firme el tiempo que sea necesario. ¡No te des por vencido!

a mí mismo que Dios está ampliando mi capacidad emocional para poderme usar de maneras más fabulosas.

En estos últimos meses he pasado por un par de grandes desilusiones. La primera tuvo que ver con una propiedad para nuestra iglesia que yo creía que era la Tierra Prometida. Había orado por ella, alrededor de ella y sobre ella durante meses. Pensaba realmente que le pertenecería a la National Community Church. Hasta teníamos un contrato con dos de las tres firmas necesarias. Todo lo que se necesitaba era la firma del tercer socio, pero nunca la conseguimos. A última hora, un constructor de bienes raíces nos la quitó. Yo había invertido tanta energía emocional y espiritual en el proyecto, que después me sentía catatónico. Parecía que aquel sueño estaba muerto, pero algunas veces, lo que nosotros percibimos como una muerte, en realidad solo es un retraso divino.

Olvidamos con gran rapidez la realidad central de nuestra fe: sin una crucifixión, no hay resurrección. Los días que transcurren entre la muerte y la resurrección son largos y tenebrosos, pero frecuentemente, es entonces cuando está a punto de producirse un milagro. Uno nunca sabe cómo, o cuándo, o dónde va a resucitar un sueño, pero si es algo dispuesto por Dios, entonces él mismo hará que vuelva a la vida de alguna manera, en algún lugar y en algún momento.

La otra desilusión tiene que ver con una meta que tengamos en la vida. Mi hija Summer y yo tomamos recientemente un vuelo hasta San Francisco para participar en el Alcatraz Sharkfest Swim. Nos habíamos estado entrenando durante meses, atravesamos el país para llegar allí, e invertimos una buena cantidad de dinero en todo, desde los trajes de natación especiales hasta el alojamiento. En la mañana de la competencia, nos inscribimos, marchamos desde el Parque Acuático hasta el Muelle 33, y subimos al transbordador que lleva a la isla de Alcatraz. Sentíamos que la adrenalina nos corría por las venas mientras nos preparábamos para nadar 1,5 millas náuticas a través de unas aguas heladas e infestadas de tiburones. Ya estaba en la zona. Aquella meta clasificaba como una de las más desafiantes y peligrosas que yo hubiera intentado alcanzar jamás. Y sabía que iba a ser maravilloso compartir esta experiencia con Summer. Le quería demostrar que aun a sus años, ya era capaz de mucho más de lo que ella se imaginaba.

Entonces, precisamente cuando nos estábamos preparando para tirarnos del barco al agua, se oyó por el intercomunicador la voz del capitán, que nos informaba que la competencia se había cancelado a causa de la neblina. Sinceramente, yo pensé que era una broma; una broma de mal gusto. ¡Al fin y al cabo, en San Francisco siempre hay neblina! Ni siquiera sabía que existiera la posibilidad de que se cancelara la competencia. Cuando me di cuenta de que no era una broma, me sentí desolado. Me doy cuenta de que una competencia suspendida no alcanza un alto rango en la escala de la importancia espiritual. Sin embargo, aquel fue uno de los chascos más grandes que yo haya experimentado jamás.

Aún estoy tratando de superar la desilusión residual, pero no me doy por vencido en cuanto a esa meta. No puedo controlar lo que sucedió, pero sí puedo controlar mi reacción ante lo sucedido. Esa meta no está muerta. Solo pospuesta. Y en lugar de hacer que me entregue al derrotismo, el retraso solo sirve para hacer más fuerte mi decisión. El logro de esa meta me va a saber más dulce todavía cuando por fin la alcance.

Como le pasó a David cuando vio que sus hermanos se iban a la guerra, tal vez tú sientas que te pasan por alto y te valoran menos de lo debido. Te parece que todos los demás están recibiendo ascensos, consiguiendo la beca o incluso relacionándose con la joven (o el joven). Tu día llegará. Mientras tanto, no sometas los planes y los propósitos de Dios a un cortocircuito a base de irte por los atajos.

Dios te está preparando. Está haciendo tus citas divinas. Pero mientras mayor sea la oportunidad, más tiempo se toma. La razón por la que nos sentimos frustrados es que pensamos en grande, pero no pensamos a largo plazo. Esa es la receta de la desilusión. Evalúa de nuevo la línea de tu tiempo sobre la tierra. Y anímate cuando veas que se toma más tiempo del que esperabas. Eso solo significa que Dios quiere hacer algo incalculablemente mayor que todo cuanto tú le puedas pedir, o te puedas imaginar.

Las habilidades compensatorias

El David de Miguel Ángel tiene una presencia impresionante, con sus 4,3 metros de altura desde la cabeza hasta los dedos de los pies. ¿Y el verdadero David? Es probable que para verlo hubieras tenido que bajar la vista. David no era solamente el más joven de los nueve hermanos. El lenguaje que contiene el relato de la Biblia parece sugerir que David puede haber sido también el más pequeño en estatura. La palabra hebrea que traducimos como «el más joven» no tiene un sentido cronológico únicamente.

Tu día llegará. Dios quiere hacer algo incalculablemente mayor que todo cuanto tú le puedas pedir, o te puedas imaginar.

También tiene un sentido físico. David era el más pequeño de los hermanos en todos los sentidos de la palabra. Tenía el aspecto de cualquier cosa, *menos* el de un guerrero. Por eso Saúl puso en duda sus credenciales, y Goliat se burló de él. Pero David poseía, por ser pastor, una habilidad que no poseían los soldados. Mientras ellos recibían su entrenamiento en su campamento tradicional de reclutas, David era entrenado en la guerra de guerrillas de la antigüedad. Su campo de entrenamiento estaba en las laderas de las colinas donde pastaba su rebaño. Su práctica de tiro era constituida por los animales salvajes que atacaban al rebaño. Y su habilidad compensatoria era el uso de la honda. David no tenía la menor idea de que Dios fuera a usar una habilidad de pastor para que le sirviera de trampolín hacia el centro de atención nacional. Y hemos oído tantas veces la historia, que no le damos mayor importancia, pero David era el más improbable de los héroes con una habilidad que era la más improbable de todas. Si David no hubiera tenido la experiencia y la puntería que había alcanzado con su honda, le habría sido imposible derrotar a Goliat; decididamente, nunca habría llegado a ser rey y por tanto, nunca habría tenido un linaje real en el que estaría incluido el Mesías.

Una de las cosas importantes en esta escena es la forma en que Dios usó una habilidad aparentemente obtenida al azar para poner a David en una posición estratégica. Y la honda no es el único ejemplo. Estoy seguro de que David se quejaba de niño cuando tomaba lecciones de música. Lo que sé es que yo sí me quejaba. De hecho, renuncié al contrabajo, porque era demasiado grande para estarlo llevando a la escuela y volviéndolo a llevar a la casa. Entonces, ¡imagínate un arpa! Sin embargo, esas lecciones de música produjeron su fruto para David. Su habilidad con el arpa fue la que le abrió por vez primera las puertas del palacio (Lee 1 Samuel 16:16–21). Cuando David tocaba el arpa, aplacaba el espíritu de Saúl. Así fue como conoció a Jonatán. Así fue como aprendió las costumbres de la corte. ¡Sin sus habilidades musicales, David no habría podido ni siquiera meter un pie en la puerta!

Uno nunca sabe cuál habilidad va a usar Dios para que se cumplan sus propósitos, así que no subestimes las habilidades más extrañas. Dios puede usar cualquier cosa para sus propósitos, si nosotros le permitimos que nos use. Dios usó la habilidad de Noé para fabricar barcos, la de José para interpretar sueños, el rostro y las formas de Ester y hasta los conocimientos astrológicos de los

Magos. No hay habilidad que no sea redimible o que no pueda ser utilizada dentro del gran plan de Dios.

Su habilidad con una honda fue la que le consiguió a David sus primeros quince minutos de fama. Pero fue otra habilidad compensatoria, tal vez la mayor de sus habilidades, la que se tradujo en tres mil años de influencia acumulada. David era más que un simple músico. Era compositor. Y esos cánticos, llamados salmos, todavía siguen siendo clasificados como la parte más popular del libro más popular de todos los tiempos. Pero he aquí lo que hace falta que veas: los salmos más maravillosos salieron todos de las peores de las circunstancias. O por decirlo de otra manera, los salmos más consoladores fueron escritos en las situaciones más incómodas de todas. David caminando a través del valle de sombras de muerte. David lleno de angustia por su aventura adúltera con Betsabé. David convertido en fugitivo, escondido en las cuevas de Adulam. David nunca quiso hallarse en ninguna de esas situaciones, pero esas circunstancias produjeron las profundas palabras que encontramos en el Salmo 23, el Salmo 51 y el Salmo 142.

Es posible que no quieras estar donde estás. Tal vez estés luchando con la depresión, o tambaleándote a causa de un error que parece imperdonable, o simplemente estás cansado de vivir cansado. ¿Me atrevo a sugerirte que Dios está cultivando tu carácter? ¿Cómo lo sé? ¡Porque tú eres su obra maestra! Lo que él está haciendo es eliminando lo que sobra y esculpiendo. Y como sucede con una obra de arte a medio terminar, es posible que todavía no se vea hermosa. Pero Dios siempre termina lo que comienza, siempre que nosotros no nos demos por vencidos. Así que tal vez no te agraden tus circunstancias actuales, pero

> Dios siempre termina lo que comienza, siempre que nosotros no nos demos por vencidos.

podrían ser la clave para el desarrollo de tu carácter. Y el desarrollo de tu carácter es la clave de tu futuro.

A mí me encantan las películas en las que hay mucha acción y aventuras. Dame unas cuantas buenas escenas peligrosas, unos cuantos efectos especiales y una cubeta llena de palomitas de maíz con mucha mantequilla, y me sentiré feliz. Sin embargo, tengo que admitir que las mejores películas no son las que tienen más acción. Son las películas que tienen los mejores personajes. Y la clave es el desarrollo del personaje. ¿Acaso no te encantan las películas en las cuales el personaje principal tiene que superar un obstáculo, o enfrentarse a un temor, o batallar contra una injusticia? Nos encantan esos personajes que tienen que vencer una situación extremadamente adversa. Solo que no queremos ser esos personajes. Los queremos ver en una pantalla. Pero esto es lo que necesitamos reconocer: lo que Dios anda buscando no es la resolución de las circunstancias, sino el desarrollo del carácter. Y las peores circunstancias son con frecuencia las que producen los mejores caracteres y las mejores historias. Ciertamente, así sucedió con David. Y así también puede suceder contigo.

Une los puntos

Echar una mirada retrospectiva a nuestro pasado es como un juego de unir puntos por medio de líneas, en el cual los puntos son los momentos decisivos. Algunos de ellos son unos puntos grandes que dejan marcada su huella indeleble en nuestra alma. Otros son puntos pequeños que le dan forma a nuestra manera subconsciente de ver la vida. Y todos juntos, los puntos grandes y los pequeños, revelan los contornos de la huella que llevamos en nuestra alma.

«En la niñez siempre hay un momento», dice Graham Greene, «en el cual se abre la puerta para que entre el futuro». Los encuentros cuerpo a cuerpo que tuvo David con los leones y los osos fueron al mismo tiempo unos momentos decisivos que le dieron forma a su manera de ver la vida. ¿Cómo sabemos esto? Porque fueron experiencias cercanas a la muerte, y nada marca tanto la huella en el alma como una experiencia cercana a la muerte. Es la que nos da la lección más valiosa.

Esta es la lección que aprendió David: «El SEÑOR, que me libró de las garras del león y del oso, también me librará del poder de ese filisteo» 1 Samuel 17:37. Para nosotros es un versículo de las Escrituras, pero para David fue un momento decisivo. Y aquel momento definitorio concibió en él una santa seguridad. David entró caminando al campo de batalla con un sentido inquebrantable de su propio destino. Era uno de sus puntos grandes.

Cuando yo estaba en el segundo año de la escuela secundaria, recibí unas clases de dicción. No estoy seguro del porqué, pero cuando llegó el momento de dar mi primer discurso, decidí predicar lo que sería algo así como mi primer sermón. No creo que aquello fuera un momento decisivo para ninguno de mis oyentes. ¡Solo basta con decir que aquel día nadie fue salvo! El discurso no estaba ni bien organizado ni bien presentado. Pero aquel discurso fue un momento decisivo para mí. En las palabras de Graham Greene, se me abrió una puerta para que entrara el futuro a mi vida.

Sin que yo lo supiera, mi madre le dio una copia de aquel discurso a mi abuela, quien a su vez le dio una copia al líder de su estudio bíblico. Entonces el líder del estudio bíblico le dijo a mi abuela: «¿Alguna vez ha pensado Mark en entrar al ministerio?». Esa pregunta, ella se la pasó a mi madre, la cual a su vez me la hizo a mí. ¿Y mi respuesta a aquella pregunta? *No*. En realidad, nunca me había pasado por la mente... al menos hasta aquel momento. Y en ese momento, un discurso de segundo año de secundaria marcó un punto en la huella de mi alma.

No estoy totalmente seguro sobre dónde me tropecé por vez primera con esta afirmación al azar, pero en una ocasión leí que nuestra manera de ver la vida es determinada por una docena de momentos decisivos. Ahora bien, yo no estoy seguro de que ese se pueda contar o codificar. Y tal vez sean seis, once o diecisiete los momentos decisivos. Sin embargo, me parece que en líneas generales, es cierto que son un pequeño grupo de experiencias las que nos dan mayormente la forma que adquirimos. Y esas experiencias formadoras son los puntos grandes y los pequeños, por así decirlo. Colectivamente, forman nuestro sistema interno de operación. Son el código original que determina nuestra manera de ver la vida. Y si quieres descubrir la huella de tu alma, necesitas cavar en tu memoria en busca de esos momentos decisivos.

A medida que vayas uniendo los puntos, te sería útil que pensaras en diferentes ambientes, lugares y personas. ¿Cuáles son tus primeros recuerdos? ¿Quiénes han sido los que más han influido en tu vida? ¿Cuáles son los sucesos principales, tanto buenos como malos, que marcan tus años de la escuela primaria, la media, la secundaria y la universidad? Mientras reflexionas sobre esos recuerdos, ¿cuáles fueron las lecciones que aprendiste, tanto de manera consciente como subconsciente? ¿Cuáles son los rasgos de carácter o las habilidades compensatorias que estaba cultivando Dios en ti? ¿Qué te revelan esas experiencias a ti, o acerca de ti?

Lo que te va a sorprender cuando hagas tu pequeña arqueología personal, es la forma en que unos sucesos insignificantes en apariencia le han dado forma a tu sistema subconsciente de operación. Lo que para otros parece insignificante, puede cambiar por completo la trayectoria de tu vida. Unos pensamientos fugaces se pueden convertir en recuerdos inolvidables. Unos comentarios hechos de pasada pueden producir un impacto profético. Y unos sucesos superficiales en apariencia pueden tener por consecuencia unos profundos cambios en nuestros paradigmas.

Cuando yo era muchacho, era un gran seguidor del equipo de fútbol rugby de los Vikingos de Minnesota. Veía todos sus juegos y coleccionaba sus tarjetas. Hasta tuve una bata de baño de los Vikingos que ha sido conservada y pasada a la siguiente generación de los Batterson. Uno de mis primeros recuerdos se refiere a mi asistencia a mi primer juego profesional de fútbol en el antiguo Estadio Metropolitano de Bloomington, Minnesota. Los Vikingos estaban jugando contra los San Francisco 49ers, y los fanáticos estaban saliendo en gran número del estadio al final del tercer cuarto. Tal parecía que el juego ya estaba perdido, pero nos mantuvimos en nuestros asientos. Entonces nos levantamos de ellos cuando los Vikingos se repusieron, anotaron tres touchdowns y jugaron el cuarto final más asombroso que yo había visto jamás.

Ese fue el día en que me convertí en un fanático crónico. Ese fue también el día en que me convertí en un optimista imposible de reprimir. No me importa si mi equipo va perdiendo por dos touchdowns y solo quedan dos minutos de juego. ¡No te atrevas a tocar el televisor! Ni lo vamos a apagar, ni vamos a cambiar de canal, porque yo en mi mente me estoy imaginando escenarios de recuperación para mi equipo. Todo lo que tenemos que hacer es forzar un cambio total de la situación, anotar un touchdown, recuperar una patada legal, tirar un pase de último minuto e intentar una conversión de dos puntos. En mi mente, las cosas no han terminado mientras no hayan terminado de verdad. De hecho, ¡nunca terminan!

¿Ya mencioné que soy un optimista incorregible? Y sinceramente, pienso que esto se remonta a aquella recuperación que presencié en el cuarto final cuando me hallaba en una edad en que era muy impresionable. Aquello fue un momento decisivo para mí, y ese optimismo incorregible llega hasta todas las partes de mi vida. No me puedo dar por vencido.

Cuestiones de control

Otro de los puntos grandes que aparecen en mi vida es una experiencia cercana a la muerte que tuvo lugar hace cerca de una década. Había estado sufriendo de dolores en el abdomen durante una semana, pero los médicos no podían averiguar qué era lo que andaba mal. Terminé en la sala de urgencias del Washington Hospital Center, doblado de dolor. Una resonancia magnética reveló que tenía una perforación intestinal. El médico abrió la cortina a las dos de la mañana, y el aspecto de su rostro lo decía todo. Me dijo que necesitaba entrar en el quirófano de inmediato. Yo me di cuenta de que era un asunto de vida o muerte, y había una parte de mí que estaba sufriendo tanto, que me quería morir. Me habría pasado los dos días siguientes conectado a una máquina respiradora, luchando por mi vida.

Durante mi recuperación después de la operación fue cuando me dediqué a leer una biografía de Oswald Chambers. Su devocionario clásico, *En pos de lo supremo* es mi favorito de todos los tiempos. Pero hasta que no leí su biografía, *Abandoned to God* [Abandonado a Dios], no pude valorar plenamente por qué lo escrito por él tiene una dimensión tan grande. Yo creo que esto se debe a que pasó por muchos sufrimientos y numerosos reveses. Una de las razones por las que me identifico con Chambers es porque él también sufrió de una perforación intestinal. En su caso, se le reventó el apéndice, y en realidad falleció a causa de las complicaciones que se produjeron. A pesar de las dificultades y las desilusiones por las que pasó, Chambers fue quien escribió una de mis expresiones favoritas: «Deja que Dios dirija».[2] Estas pocas palabras captaban su confianza en la soberanía de Dios, que lo abarca todo. Y es la clase de confianza que nos da una santa seguridad.

La mayoría de nuestros problemas emocionales son síntomas de un problema espiritual con raíces profundas: la falta de confianza en el Dios soberano. Nuestra falta de confianza en él es la que tiene por resultado unos altos niveles de culpabilidad por nuestro pasado, tensiones por nuestro presente y ansiedades por nuestro futuro. Y si se lo permitimos, este monstruo de tres cabezas acabará hasta con la última onza de santa seguridad que poseamos, hasta que perdamos el sentido de nuestro propio destino.

«Deja que
Dios dirija».
—Oswald Chambers

Muchos de nosotros encontramos nuestra seguridad en aquellas cosas que podemos controlar, pero se trata de una seguridad falsa. La seguridad santa no es circunstancial. Es providencial. Con demasiada frecuencia permitimos que nuestras circunstancias se interpongan entre Dios y nosotros. La seguridad santa pone a Dios entre nosotros y nuestras circunstancias. Y cuando nosotros hacemos esto, el Todopoderoso convierte en enanos a los gigantes que se presenten en nuestra vida.

Seamos francos: nos encanta tener el control de todo. Queremos controlar nuestras circunstancias. Queremos controlar a los demás. Y por último, hasta queremos controlar a Dios mismo. Esto lo hacemos en nombre de la santificación, pero es una santificación falsa. No es nada más, o tal vez debería decir que no es nada menos, que un inútil intento por ayudarnos a nosotros mismos. La falta de confianza va más allá de negarnos a recibir la ayuda de Dios. Es un orgulloso intento por tratar de controlar a todo el mundo y todas las cosas. Pero Dios no nos ha llamado a ser Dios. Nos ha llamado a ser nosotros mismos. Y nuestros problemas de control en realidad son problemas de confianza. Mientras menos confiemos en Dios, más necesitaremos tener el control de todo.

La falta de control se siente como si fuera la pérdida de la vida. Y así es como yo me sentía mientras estaba allí tirado en la cama del hospital después que pasó el efecto de la anestesia. Cuando uno está conectado a una máquina respiradora, se da cuenta de lo pequeño que es el control que tiene en realidad. Se encuentra cara a cara con su propia mortalidad. Pero si sobrevive a ese susto, esto lo puede traer realmente a la vida de una forma nueva. De repente, ya no tuve que fingir que lo tenía todo bajo control. De hecho, ni siquiera habría podido fingir. No me era posible cuando tenía una conexión intravenosa que me alimentaba las venas y unos tubos de oxígeno conectados a la nariz. Así que, aunque yo sobreviví a la operación, la seguridad que tenía en mí mismo no sobrevivió. Y me siento eternamente agradecido de que así haya sido.

No hay nada más agotador desde los puntos de vista espiritual, emocional o de las relaciones, que fingir que eres tú quien mantienes los planetas dentro de sus órbitas. Y lo contrario también es cierto. La libertad mayor del mundo consiste en abandonar el control y someterle nuestra vida al Dios Soberano. Y cuando uno hace esto, su confianza en sí mismo queda crucificada. Pero esa confianza en uno mismo debe morir para que pueda resucitar la seguridad santa. Ambas cosas no pueden coexistir.

La invencibilidad

Además de idear la expresión «Deja que Dios dirija», Oswald Chambers también usaba una de mis palabras favoritas de todos los tiempos: *invencibilidad*. Con ella, Chambers estaba tomando la frase «más que vencedores» (Lee Romanos 8:37) para añadirle un giro especial. En palabras suyas, tomadas de *En pos de lo supremo,* «No hay poder en el cielo ni en el infierno que pueda vencer al Espíritu de Dios que habita en un espíritu humano; se trata de una invencibilidad interna».

David también poseía esa invencibilidad. Nunca dio un paso atrás, ni se retiró de la pelea. Sabía que su duelo con Goliat era su cita con el destino. Veía la forma en que Dios había ido dirigiendo sus experiencias y preparado aquella oportunidad. Y Dios está haciendo eso mismo en tu vida. Todo comienza con pequeñas oportunidades y victorias. Dios las usa para aumentar tu seguridad. Y no se trata de una seguridad en ti mismo, ni en tu capacidad. Es una santa seguridad en la capacidad de Dios.

Nuestra fe es en realidad un producto secundario de la fidelidad de Dios.

En cierto sentido, nuestra fe es en realidad un producto secundario de la fidelidad de Dios. Él demuestra que es fiel, y eso va levantando nuestra fe a medida que vamos uniendo los puntos. Nos damos cuenta de que el Dios que nos libró de las garras del león y las del oso también nos librará de los gigantes que aparezcan en nuestra vida. Y por grande que sea el gigante, seguiremos teniendo una invencibilidad interna. Pero todo comienza siempre con pequeñas victorias.

No hace mucho, Summer corrió sus primeros cinco mil metros con una de nuestras líderes de jóvenes. Comenzó con pocas ganas. No estaba corriendo porque le gustara correr. Estaba corriendo por el afecto que le tenía a su líder de jóvenes. Algunas veces, era todo un ejercicio lograr que ella hiciera ejercicio. Pero algo sucedió cuando cruzó la línea de la meta en el día de la carrera. Sintió el chorro de adrenalina que surge cuando uno persigue una meta y la logra.

Al día siguiente, la que no quería correr estaba hablando de hacer medio maratón. Por supuesto, el hecho de que se tratara del Medio Maratón de las Princesas en Disney puede haber tenido algo que ver con eso. Pero son las pequeñas victorias las que nos dan seguridad para ir tras las metas mayores.

Y me parece que así fueron las cosas con David. Cada uno de los animales salvajes que David derrotó le dio un poco más de santa seguridad. Cuando por fin llegó al valle de Ela, había acumulado suficiente seguridad santa para enfrentarse a un gigante. Eso toma tiempo. Y tanto en tu caso como en el suyo, perderás unas cuantas batallas a lo largo del camino. Pero si contemplas de nuevo tu historia, tengo la esperanza de que puedas unir los puntos. Tengo la esperanza de que al revisar tu historia personal, adquieras el sentido de tu propio destino. Y espero también que estés lleno de una invencibilidad interna, porque el que comenzó una buena obra en ti, la terminará (Lee Filipenses 1:6).

Dios está disponiendo tus pasos, de la misma forma que lo hizo con David, y es necesario que esperes que se produzcan unos cuantos retrasos divinos. Pero incluso las desilusiones que sufrimos, como cuando los hermanos de David se fueron a la guerra mientras él se quedaba allí atascado, trasquilando ovejas, son citas divinas disfrazadas. Y deberían aparecer con una nota en letra pequeña al pie de página que dijera: *para que sea redimida*.

Por eso, permíteme que termine con una nota final. ¿Recuerdas el contrato que perdió nuestra iglesia porque no pudimos conseguir la tercera firma? Entonces yo estaba muy desilusionado porque no la había conseguido, pero ahora me alegro de que no la consiguiéramos. Pensaba sinceramente que esa desilusión estaría aún sin resolver cuando se publicara este libro, pero inmediatamente antes de la fecha en que debía entregar el original definitivo, Dios se abrió paso. Conseguimos un contrato sobre otra propiedad. Está en la acera de en frente a la propiedad anterior, y tiene el doble de terreno. Y el precio por pie cuadrado fue cerca de la mitad.

Mientras más vivo, más le doy gracias a Dios por las desilusiones por las que he pasado en mi vida. Esas desilusiones resultan ser con frecuencia unas citas divinas. Tal vez vengan disfrazadas de retrasos divinos, o de algo que consideramos como una desventaja. Pero si le das a Dios una oportunidad, él redimirá tus desilusiones. De eso puedes estar seguro. Y esa seguridad es la que fomenta una invencibilidad interna. Deja que Dios dirija.

> Le doy gracias a Dios por las desilusiones por las que he pasado en mi vida. Esas desilusiones resultan ser con frecuencia unas citas divinas.

Los símbolos de vida

Y David tomó la cabeza del filisteo y la trajo a Jerusalén, pero las armas de él las puso en su tienda.

— 1 Samuel 17:54

Nuestra familia se mudó recientemente a una casa nueva, y creo que establecimos un récord con la compañía U–Haul sobre la menor cantidad de millas recorridas en una furgoneta de mudanzas. Costaba $1,59 por milla, así que nuestra mudanza a media calle de distancia se quedó en un cargo total de $0,47 por concepto de las millas recorridas. Por supuesto, eso no hizo que la mudada fuera más fácil, porque tuvimos que empacar y desempacar todo lo que habíamos acumulado durante los catorce años que vivimos en nuestra primera casa. Durante el proceso de desempacar, me encontré una vieja caja de zapatos que no había visto en muchos años. Detuve mi frenética actividad y me dediqué a recorrer serenamente el camino de los recuerdos. La hora siguiente me pareció como toda una vida, porque aquella caja de zapatos contenía toda una vida de recuerdos.

Las cosas que tenía dentro eran al mismo tiempo carentes de valor y de un valor incalculable: un maletín de merienda de Kung Phooey que hacía también la función de sacrosanto recipiente para mis viejas tarjetas con jugadores de fútbol; una medalla de oro de las Olimpíadas de Awana; un proyecto de arte del cuarto grado que de alguna manera entró a formar parte de mis recuerdos; el zapato plano que usé mientras me recuperaba de una fractura del tobillo en la escuela secundaria, y una evaluación ocupacional que me hicieron en la escuela de posgrado. En mi aptitud para escribir, tuve una puntuación muy por encima del promedio. Espero que tú le encuentres a esto tanto humor como se lo encontré yo.

Mientras rebuscaba entre los diarios y álbumes de fotos viejos, me di cuenta de que dentro de aquella caja de zapatos todavía estaba una parte de mí. Y eso me recordó un libro, *Tuesdays with Morrie* («Los martes con Morrie»), que había leído años antes. En él, Mitch Alborn, el autor, entrevista a Morrie Schwartz, su viejo profesor del colegio universitario, el cual comparte con él reflexiones sobre la vida mientras sostiene una batalla a muerte con la enfermedad de Lou Gehrig. El libro está lleno de situaciones profundas, pero la más memorable para mí es una conversación acerca del envejecimiento. Morrie le dice a Mitch: «Yo *acojo* el envejecimiento. Es muy sencillo. A medida que vas creciendo, vas aprendiendo más. Si te quedaras en los veintidós años, siempre serías tan ignorante como lo eras a los veintidós años». (Sin ánimo de ofender, si tienes veintidós años. Fue él quien lo dijo; no fui yo.) Entonces comparte con él un punto de vista sobre la vida que se debería internalizar mejor antes que después; mejor de joven, que de anciano. «Lo cierto es que en parte tengo todas las edades. Tengo tres años, tengo cinco, tengo treinta y siete, tengo cincuenta. He pasado por todas esas edades, y sé cómo son. Me deleito en ser un niño cuando lo adecuado es ser un niño. Me deleito en ser un sabio anciano cuando lo adecuado es ser un sabio anciano. ¡Piensa en todo lo que puedo ser! Tengo todas las edades, hasta la que tengo ahora».[1]

Cuando iba registrando mi caja de zapatos llena de recuerdos, pensaba en esa última afirmación: «Tengo todas las edades, hasta la que tengo ahora». Las memorias espirituales que hay dentro de mi caja de zapatos no solo revelan quién yo era. También revelan quién yo soy, porque soy lo que he sido en todas las edades que he tenido hasta este momento. La máscara de oxígeno del tiempo que pasé en la unidad de cuidados intensivos no es solo un recuerdo distante. Es parte de mi consciencia diaria. Yo pensaba que estaba respirando por última vez cuando una enfermera dio la señal de código azul y me puso esa máscara de oxígeno sobre la boca y la nariz. Y aunque esto sucedió hace ya mucho tiempo, estoy muy seguro de que el intenso amor por la vida que tengo en el momento presente se remonta a aquel momento del pasado en el cual estuve muy cerca de la muerte. Físicamente, ya no necesito esa máscara, aunque aún la necesito espiritualmente.

En cierto sentido yo soy esa caja de zapatos, y a su vez la caja de zapatos es como si fuera mi persona también. Yo soy más que mi nombre, mi ocupación, mis títulos, mis sueños e incluso mi familia. Yo soy quien fui. Allí están las huellas de mis pasos; dónde he estado y qué he hecho, y esas son las que revelan la huella que hay en mi alma. Es mi combinación personal y única de recuerdos la que me hace ser quien yo soy espiritual, emocional, motivacionalmente y en mis relaciones. También es esa combinación exclusiva de recuerdos la que me capacita para adorar a Dios de una manera tal, que nadie más podría hacerlo. ¿Por qué? Porque cuando cantamos el himno clásico «Grande es tu fidelidad», va más allá de ser una alabanza genérica a un rasgo estático del carácter divino. La fidelidad de Dios es tan única como lo es cada momento de tu vida. Todos los recuerdos son un testimonio a favor de su dinámica fidelidad que es a un tiempo la misma, y diferente para todos y cada uno de nosotros. Por eso, cuando nuestra congregación canta ese himno, no se trata de un solo cántico. Son centenares y centenares de cánticos personales y exclusivos que alaban en armonía la fidelidad de Dios.

La fidelidad de Dios es tan única como lo es cada momento de tu vida.

Por naturaleza, yo soy una persona que piensa en función del futuro. Antes de abrir las puertas de uno de nuestros locales de nuestra iglesia multisitios, ya estoy pensando en el próximo, y en el que vendrá a continuación del próximo. Antes que salga al público un libro, comienzo a escribir el siguiente. Siempre estoy pensando en lo que vendrá después. Y le doy gracias a Dios por la imaginación que funciona en el cerebro derecho y me capacita para hacer esto. Pero sin la capacidad de recordar el ayer, la capacidad para imaginarme el mañana carecería de sentido. Sin la memoria, tendríamos que volverlo a aprender todo cada día. Sin la memoria, olvidaríamos quiénes somos y dónde hemos estado. Sin la memoria, perderíamos la fe, porque olvidaríamos la fidelidad de Dios.

El arte de levantar altares

Nuestros momentos decisivos nos sirven también de altares levantados para Dios. Las piedras, como las que usó David de artillería, se convierten en piedras de altar. Y aunque no exista prueba bíblica alguna de esto, yo me imagino que David conservara la piedra manchada de sangre que él le había enterrado en la frente a Goliat. Al igual que David, nosotros también necesitamos recuerdos santos que nos traigan a la mente dónde hemos estado y hacia dónde nos dirigimos.

Me pregunto si Abraham volvería alguna vez al monte Moriah, donde Dios lo había provisto de un carnero que se había quedado trabado en un zarzal, para que ocupara el lugar de su hijo. Tal vez hasta conservó uno de sus cuernos. ¿Acamparía Jacob alguna vez de nuevo en Bet-el? ¿Crees que alguna vez Pedro remaría hasta el lugar del mar de Galilea donde una vez había caminado sobre el agua? Estoy seguro de que Zaqueo dejó que sus nietos se subieran al sicómoro donde él había visto a Jesús por vez primera. ¿Cuántas veces viajó Pablo por el camino de Damasco y se detuvo en el marcador de milla donde fue tumbado de lo alto de su caballo? Y si tú fueras Lázaro, ¿no irías aunque fuera anualmente a la tumba donde habías estado sepultado por cuatro días? Tal vez hasta pondrías unas cuantas flores recién cortadas junto a tu propia tumba.

Me temo que el arte de levantar altares sea una disciplina espiritual perdida. Y la pérdida de los recuerdos a largo plazo nos causa una gran cantidad de problemas espirituales agudos. La principal razón por la cual perdemos la fe, es porque nos olvidamos de la fidelidad total de Dios. Tal vez sea ese el motivo de que la palabra *recuerda* se repita en las Escrituras cerca de doscientas cincuenta veces. Tenemos tendencia a recordar lo que deberíamos olvidar, y olvidar lo que deberíamos recordar. Y por eso Dios siempre nos está diciendo que levantemos altares o creemos memoriales. Por eso Jacob levantó un altar en el lugar de Bet-el donde había tenido su sueño. Por eso los israelitas tomaron piedras sacadas del cauce del río Jordán y las colocaron en Gilgal como altar para recordar aquel milagro. Y Samuel levantó un altar en Mizpa con el propósito de recordar la victoria sobre los filisteos. En Israel debe haber más memoriales por kilómetro cuadrado, que en Washington, DC. Entonces, ¿por qué los levantamos? ¿Por qué forman una parte tan prominente del panorama en una ciudad o en una vida? Porque sin esas maneras físicas de preservar los recuerdos, olvidamos muy pronto las lecciones espirituales que hemos ido aprendiendo por el camino. A esos recuerdos físicos yo los llamo «símbolos de vida». Y los encontramos en todos los tamaños y todas las formas imaginables, incluyendo las máscaras de oxígeno.

> **La principal razón por la cual perdemos la fe, es porque nos olvidamos de la fidelidad total de Dios.**

Yo no soy la persona más artística del planeta, y ciertamente, tú no querrás que te decore tu casa, pero hace algunos años tuve una revelación. No estoy seguro de dónde me llegó la pregunta, pero la respuesta me llevó a un renacimiento artístico: *¿por qué me estoy rodeando de cosas que no significan nada?* Me di cuenta de que el arte que colgaba de las paredes de mi hogar no tenía significado alguno para mí, y decidí cambiar esa situación. Decidí rodearme de cosas que me recordaran quién soy y a quién pertenezco. Decidí rodearme de cosas que me recordaran dónde he estado y hacia dónde me dirijo. No quiero arte en mis estanterías; quiero altares a la fidelidad de Dios. Por eso, en los años que han pasado desde aquella revelación, he comenzado a acumular altares artísticos que pongan en movimiento mi memoria espiritual.

También los estantes de mi oficina están llenos ahora de símbolos de vida. Tengo una botella de licor que encontramos en una casa donde se hacía y se vendía cocaína que convertimos en cafetería. Tengo un viejo cartel procedente de un cuarto de baño de los cines de la Union Station donde se estuvo reuniendo nuestra iglesia durante trece años. Tengo el artículo del *New York Times* que puso en el mapa nuestro podcast. Y tengo una de mis posesiones que más valoro: una Biblia muy usada que fue propiedad de mi abuelo. Mi oficina no es una oficina. Es un altar a la fidelidad de Dios donde además tengo reuniones, busco los mensajes del correo electrónico y de vez en cuando hago algo de trabajo.

Mi símbolo de vida más significativo es una fotografía puesta en un marco donde aparece el terreno de pasto para ganado de Alejandría, Minnesota, en el cual estaba cuando me sentí llamado al ministerio a los diecinueve años. Una caminata de oración a través de aquellos pastos le cambió la trayectoria a mi vida. Aquel fue el momento de mi zarza ardiente. Así que hace algunos años, regresé allí en peregrinaje, junto con un fotógrafo que contraté para que tomara algunas fotos. Como cualquier otro pastor, paso por días difíciles en los que necesito algo que me recuerde por qué hago lo que hago. Esos son los momentos en los cuales me limito a hacer girar mi silla y mirar hacia atrás, tanto literal como figuradamente, para ver la fotografía de aquel pastizal. Es como si mi sentido de mi propio destino despertara de nuevo con sales de olor.

Me pregunto si así se sentiría David cada vez que veía la armadura de Goliat colgada dentro de su tienda de campaña.

Cinco mil siclos de bronce

Permíteme describir la escena.

David sabía que había dado en el blanco, ¿pero lo había golpeado con suficiente fuerza? Esperó a que se produjera un sutil cambio en el centro de equilibrio de Goliat. Fue entonces cuando su intenso miedo se convirtió en un triunfante alivio, cuando aquel gigante de casi tres metros de altura se tambaleó, y después cayó estruendosamente al suelo, como un árbol que ha sido talado. Hay un viejo adagio que dice: «Mientras más grandes son, más dura es la caída». Y es cierto. Sin embargo, también es cierto este otro: «Mientras más grandes son, más tiempo tardan en caer». A los gigantes les toma largo tiempo golpear el suelo, pero cuando lo hacen, la nube de polvo que se levanta es espectacular.

> ¡David sabía que no era él quien había derrotado a Goliat! La victoria le pertenecía al Señor de los ejércitos.

Vivimos en una cultura en la cual los atletas convierten la celebración de sus triunfos en formas de arte, pero no puedo menos que preguntarme si David no había danzado un poco cuando se asentó el polvo. Me parece muy posible, si tenemos en cuenta el fuerte intercambio de palabras que habían tenido los dos antes de su encuentro. Al fin y al cabo, es difícil contener la combustión espontánea de la celebración cuando se gana una victoria poco probable, y David tiene a su favor un largo historial de haber danzado en sus momentos más cargados de emoción. Aunque no estoy totalmente seguro de la forma en que celebraría la victoria, sí hay una cosa segura: ¡David sabía que no era él quien había derrotado a Goliat! La victoria le pertenecía al Señor de los ejércitos.

Cuando el gigante cayó al suelo, David no desperdició ni un instante. Saltó hacia el filisteo caído, sacó de su vaina la espada del gigante y lo decapitó con su propia arma. Entonces, hizo algo curioso. No se limitó a dejarlo allí tirado, para que lo enterraran después de la batalla. Lo comenzó a despojar de su cota de malla, lo cual era bastante más complicado que desatar un zapato o desabrochar un cinturón. ¡Necesitó de toda su fuerza para darle la vuelta al cuerpo de Goliat! Pero pedazo a pedazo, David lo despojó de aquella cota de malla que había resultado inútil ante una piedra lanzada con una puntería perfecta. La gran ironía fue que quitarle la cota de malla a Goliat resultó más difícil que derrotarlo. David apenas había sudado un poco al lanzar la piedra con la honda, pero quitarle al gigante su armadura lo dejó sin respiración.

No es insignificante el que las Escrituras nos digan el peso de la cota de malla de Goliat: cinco mil siclos de bronce (unos cincuenta kilogramos). ¡Es muy probable que David no pesara mucho más! Cargar con la cota de malla de Goliat era como levantar pesas equivalentes al peso de su propio cuerpo. No era tan sencillo como recoger la armadura e irla a tirar en algún rincón de su tienda de campaña. Y ciertamente, no cabía en la repisa de la chimenea. Es probable que hicieran falta un par de hombres, solo para moverla. La caja de zapatos de David pesaba mucho más que la mía. Sin embargo, David se dio al trabajo de llevar aquella armadura hasta su tienda. Cada vez que levantaba campamento y armaba su tienda en otro lugar, la cota de malla iba con él. ¿Por qué? Porque aquella cota de malla tenía el oficio de recordarle todos los días un momento decisivo. Era un símbolo de vida de cincuenta kilos de peso. Y cada vez que la luz del sol se reflejaba en la malla de bronce y el reflejo llegaba hasta el rabillo del ojo de David, renovaba su santa seguridad en el Dios que hace caer a los gigantes. Y ese es el propósito de los símbolos de vida. Son objetos físicos que nos recuerdan momentos espirituales cruciales de nuestra vida. Son recuerdos del pasado que le dan significado al presente, y producen una santa seguridad para el futuro.

Mi primer funeral

Yo descubrí el poder y la importancia de los símbolos de vida el día que oficié en mi primer funeral. Tenía veintidós años. Era el funeral de Hilma, la abuela de mi cuñada. Y las circunstancias eran algo extrañas. Hilma había sido incinerada antes del Día de Acción de Gracias, pero la familia esperó hasta las Navidades para enterrar sus cenizas. Mientras tanto, su hijo se encargó de conservar la urna con las cenizas. Pero, ¿dónde se puede guardar una urna con cenizas? Un día, después que un camión de remolque había enganchado su auto averiado para llevárselo, fue cuando se acordó de que la urna de las cenizas estaba en el maletero. Fue entonces cuando le dijo al chofer del camión que esperara un momento, porque tenía que sacar a su madre del maletero. ¡Lo más probable es que no se lo haya dicho con esas palabras! Entonces decidió poner la urna junto al árbol de Navidad, pero su perro Pooky no dejaba de olfatearla. Estoy seguro de que el pobrecito de Pooky se sentía totalmente confundido: *¡yo sé que la huelo, pero cómo es posible que se haya metido en una cajita tan pequeña!*

Por fin llegó el día del funeral, y yo pronuncié un corto mensaje junto a la sepultura. Como el funeral se estaba haciendo tantas semanas después del fallecimiento de Hilma, me dio la impresión de que la familia no estaba sintiendo esa angustia tan fuerte que suele acompañar a un entierro. De hecho, la familia no estaba expresando casi ninguna emoción hasta que yo saqué un par de zapatillas tejidas a mano del bolsillo interior de mi sobretodo. Cuando lo hice, aquello fue como si se hubiera roto una represa emocional, y hubo un torrente de lágrimas. Las Navidades se caracterizan por las sorpresas que aparecen envueltas en papel, pero en la familia de Hilma, había un regalo que todos esperaban. Cada uno de los miembros de la familia sabía que todas las Navidades recibiría de ella un par de zapatillas tejidas a mano.

¡Tenían los armarios llenos de ellas! Aquellas zapatillas tejidas a mano eran la clase de regalo que a uno tal vez no le guste, pero que ama; tal vez no lo use, pero lo agradece; tal vez no lo quiera, pero lo necesita por razones que no tienen ningún sentido utilitario. A Hilma le habría sido mucho más fácil darle una tarjeta de Navidad a cada persona. Y esa tarjeta habría sido mucho más práctica. Pero también habría sido mucho menos significativa. Cuando Hilma le daba esas zapatillas hechas a mano a cada uno de los miembros de su familia, se estaba dando a sí misma. La razón que llevó a la familia a aquel llanto cuando vieron aquellas zapatillas, es que simbolizaban lo mucho que Hilma amaba a su familia. Aquellas zapatillas eran objetos inanimados, pero estaban animados con recuerdos y emociones que son imposibles de expresar con palabras. Aquellas zapatillas simbolizaban quién había sido Hilma, y lo mucho que significaba para su familia. Y eso es lo que convierte los objetos comunes y corrientes en símbolos de vida.

Poco después de aquel funeral, cristalizó en mi espíritu el concepto de los símbolos de vida cuando escuché al escritor y orador Denis Waitley compartir una experiencia que marcó para siempre su vida. Denis estaba tratando de tomar un vuelo para ir a dar una conferencia, pero estaba atrasado, así que iba literalmente corriendo por la terminal del aeropuerto. Llegó a la puerta de salida para el avión en el mismo segundo en que el agente la cerraba. Denis le explicó su situación, pero el agente no quiso hacer nada, a pesar de que él se lo suplicó. Fue entonces cuando su frustración se convirtió en furia. Salió enojado de la sala de espera del avión y regresó al mostrador de los pasajes para dejar registrada una queja y conseguir otro vuelo. Su ira se intensificaba mientras esperaba durante más de veinte minutos en una fila que apenas se movía. Inmediatamente antes de que le tocara llegar al mostrador, un anuncio dado por los altavoces le cambió la vida, porque se dio cuenta de que perder aquel vuelo le había salvado la vida. El vuelo al que no había podido entrar, el vuelo 191 de Chicago a Los Ángeles, se estrelló al despegar, y no habían quedado supervivientes.

Denis Waitley nunca registró su queja. De hecho, nunca devolvió su pasaje invalidado para el vuelo 191. Se lo llevó a su casa y lo prendió de un boletín de noticias en su oficina. A partir de aquella experiencia, cada vez que se sentía frustrado o se enojaba, todo lo que tenía que hacer era mirar a su pasaje para el vuelo 191. Ese pasaje es un símbolo de vida. Es el recuerdo inolvidable de que la vida es un don que no debemos dar por seguro.

Después de oficiar en el funeral de Hilma y de oír esta historia de Denis Waitley, comencé a identificar y acumular deliberadamente mis propios símbolos de vida. Mi vida es una historia; una historia que Dios está escribiendo a través de mí. Es su historia. Y yo necesito identificar las líneas de esa historia que el Autor de mi fe está usando como guión para mi vida. Los símbolos de vida marcan los incidentes incitantes, los lugares donde la trama se complica, los momentos decisivos y el comienzo de las nuevas escenas. Los símbolos de vida son como las tarjetas con pistas que nos ayudan a recordar su guión. Nos revelan en quiénes nos estamos convirtiendo, al recordarnos dónde hemos estado, y cómo hemos llegado al lugar donde estamos.

Se dice de Alex Haley, el creador de la famosa miniserie de televisión *Roots* («Raíces»), que tenía en su oficina un cuadro en el que había una tortuga sentada sobre un poste de una cerca. En

68

sus propias palabras, «cada vez que veas una tortuga encima de un poste de una cerca, sabrás que alguien la ayudó a llegar allí». Ese cuadro era la forma que tenía Haley de recordarse a sí mismo cómo había llegado a ser lo que era. ¡Alguien lo había ayudado! Me pregunto si tener consigo la cota de malla de Goliat no tendría esa misma función en la vida de David. Solo el tamaño de aquella armadura era evidencia del hecho de que había tenido alguna ayuda. La cota de malla de Goliat era para David como la tortuga sobre el poste de la cerca.

Los rastros de recuerdos

Al final de su ilustre carrera de neurocirujano, el doctor Wilder Penfield había explorado los cerebros de 1.132 pacientes vivos. Muchos de ellos sufrían de ataques epilépticos, y el doctor Penfield quería saber por qué. Una vez que se les quitaba el cráneo con la ayuda de anestesia local, se despertaba a los pacientes para que se pudieran comunicar con el doctor Penfield durante la operación quirúrgica. En algunas de esas operaciones, el doctor Penfield hizo un fascinante descubrimiento. Usando una corriente eléctrica débil para estimular diferentes partes del cerebro, descubrió que sus pacientes contemplaban escenas en retrospectiva. En su mente volvían a ver vívidos recuerdos del pasado, probablemente similares al recuerdo que tenía David de los leones y los osos que había matado cuando habían atacado su rebaño.

Una paciente recordó nota por nota una sinfonía que había escuchado en un concierto años antes. Se estimuló ese mismo punto en treinta ocasiones, y en todas ellas recordó cada una de las notas musicales. Otra paciente recordó haber estado sentada en un paradero de trenes siendo niña, y pudo describir cada uno de los vagones de un tren a medida que se iban presentando en su mente.

Otro paciente visualizó un peine que usaba de niño, y pudo contar con exactitud el número de dientes que tenía el peine. Aquellas escenas vistas en retrospectiva no solo eran sumamente detalladas, sino que de hecho, muchas de ellas eran anteriores a los primeros recuerdos conscientes que tenía el paciente.

El doctor Penfield llegó a la conclusión de que todo lo que vemos, lo que oímos, lo que olfateamos, todo pensamiento consciente y todo sueño inconsciente, queda grabado en nuestro disco duro interno, la región del cerebro conocida como corteza cerebral. Esta es la forma en que funcionan las cosas. Cuando escuchas un canto o ves una película o lees un versículo de las Escrituras, queda trazada en la corteza cerebral una línea llamada rastro de recuerdo o engrama. El cerebro funciona como un aparato de dibujar de lujo. Si escuchas de nuevo el mismo canto, o ves la misma imagen o lees el mismo versículo de las Escrituras, se vuelve a trazar la línea. Con cada repetición, el engrama se va haciendo más profundo, hasta que finalmente, ese canto, o imagen, o versículo, queda grabado en la superficie de la corteza cerebral.[2] También queda grabado en la huella en el alma.

Ahora bien, permíteme añadir una advertencia. No todas las memorias son creadas iguales. De hecho, existen tres niveles de memoria. La memoria sensorial es tan fugaz como un número de teléfono con siete dígitos. La memoria a corto plazo tiene una vida algo más larga. Puedes recordar lo que llevabas puesto ayer, lo que comiste y lo que viste, pero esos detalles se desvanecen como una fotografía vieja. Finalmente, está el santo grial de la memoria. Un número muy pequeño de experiencias llegan hasta la memoria a largo plazo. Pero son estos recuerdos los que le dan forma a la huella que queda en tu alma.

Hablando en líneas generales, la duración del recuerdo y la profundidad con la que queda grabado el engrama dependen de la fuerza de la emoción relacionada con el acontecimiento. Es decir, que mientras más fuerte sea la emoción, más fuerte y duradero será el recuerdo.

Casi todos nuestros recuerdos a largo plazo están asociados con emociones intensas, tanto positivas como negativas. Sencillamente, así fue como Dios nos estructuró. El noventa y nueve por ciento de nuestras experiencias del pasado son olvidadas con rapidez, porque apenas las hemos sentido. Tal vez sigan almacenadas en los rincones subconscientes de la corteza cerebral, pero son como esos archivos de computadora a los que no podemos tener acceso, porque su programación es demasiado anticuada.

Una de las dimensiones de la mayordomía es el manejo de los recuerdos. Como cuando optimizamos el disco duro de nuestra computadora, algunas veces, es necesario desfragmentar los recuerdos. Por ejemplo, en lugar de mantener un registro de agravios, hay ciertos recuerdos que necesitamos borrar. Y necesitamos crear un archivo mental en el cual cortemos y unamos las bendiciones de Dios. De una u otra manera, el proceso de descubrimiento de nosotros mismos comienza con una detenida mirada a nuestros archivos antiguos. Tenemos que hacer un inventario de nuestra memoria.

Y así mismo es tu vida

Se dice de Alfred Adler que comenzaba las sesiones de consejería con sus nuevos clientes desde una pregunta sencilla, pero reveladora: «¿Cuál es tu primer recuerdo?». Cualquiera que fuera la respuesta del cliente, Adler le decía: «Y así es tu vida». Lo que quería decir con esas palabras es lo siguiente: con frecuencia, nuestros recuerdos más antiguos son los más fuertes en función de su impacto sobre nuestra identidad. Para bien o para mal, nuestros recuerdos más tempranos le dan forma a la huella que hay en nuestra alma de una manera transformadora que perdura toda la vida.

Uno de mis recuerdos más tempranos y fuertes es la primera vez que monté bicicleta. En parte, la razón por la cual ese recuerdo es tan fuerte, es porque he oído a mis padres relatar esa historia numerosas veces. Y esa es una de las responsabilidades de los padres. Con las historias que les cuentan a sus hijos, los recuerdos que conservan y las fotos que toman, están manejando la memoria de ellos. Cuando yo tenía cuatro años, tenía un amigo que vivía a cuatro casas de distancia, cuya bicicleta yo pedía prestada todos los días. Entonces, un fatídico día, él hizo que le quitaran las ruedas extra de entrenamiento. Entonces se fue caminando hasta nuestra casa y anunció: «Ahora no puedes montar mi bicicleta, porque le quitamos las rueditas de entrenamiento». De inmediato, yo me fui a pie hasta su casa, monté en su bicicleta y volví manejándola hasta mi casa sin las ruedas de entrenamiento. Si quieres que yo haga algo, no me digas que lo haga. ¡Dime que es imposible hacerlo! Esa dimensión de mi personalidad se remonta a aquel recuerdo temprano con la bicicleta de mi amigo. Y así es mi vida.

Una de las poesías más profundas que se hayan escrito jamás, «Germinal», fue compuesta por un poeta irlandés llamado George Russell:

En las sombras y penumbras de antaño
Donde la niñez se había extraviado,
Nacieron las grandes angustias del mundo
Y se forjaron sus héroes.
En la niñez perdida de Judas, Cristo fue traicionado.[3]

Judas no decidió simplemente, siendo ya adulto, que traicionaría a Cristo. Las semillas de la traición habían sido sembradas en la tierra de su juventud. Por supuesto, esto no excusa lo que él hizo, y aun así, habría podido decidir no hacerlo. Pero las decisiones tienen una genealogía que muchas veces se remonta a nuestros primeros recuerdos.

Según las investigaciones del psiquiatra Emory Cowen, el nivel de popularidad que experimente un niño en el tercer grado es la manera más precisa de predecir su salud mental cuando llegue a adulto. Esto me parece fascinante, y creo que es cierto. Tal vez no sea el tercer grado. Puede que se trate del segundo grado, o del cuarto. Sin embargo, las experiencias tempranas nos moldean de una manera profunda, porque los niños son como el cemento sin fraguar. Si tuviste una niñez excelente, te será fácil leer este párrafo. Si tuviste una niñez difícil, probablemente te sea más difícil. No obstante, la niñez difícil también ha producido alguna de las personalidades más fuertes que conozco; entre ellas, el rey David.

David era un saco de boxeo para sus hermanos mayores. De hecho, aún se burlaban de él cuando los visitó en el valle de Ela. ¡Sus hermanos mayores fueron los primeros gigantes que tuvo en su vida! Y ni siquiera su propio padre fue capaz de ver su potencial. Cuando Samuel estaba analizando a los hijos de Isaí para ungir al nuevo rey, Isaí ni siquiera se molestó en llamar a David. Eso le tiene que haber dolido. Pero David no dejaba que esas dificultades lo definieran. De una manera muy parecida a mi incidente con la bicicleta, yo pienso que David aceptó tranquilamente el reto. Le encantaba que lo subestimaran. Mientras menos potencial veían en él los demás, más quería él que Dios les demostrara que estaban equivocados.

Yo no sé cuáles son las dificultades que has tenido que soportar, pero no tienen por qué definirte, sencillamente si las utilizas para que te refinen. Y si dejas que te refinen, Dios usará realmente esas experiencias negativas para redefinirte.

La post imaginación

Leonardo da Vinci distinguió en una ocasión entre dos tipos de imaginación: la preimaginación y la postimaginación. La preimaginación consiste en imaginarse el futuro antes que suceda. Y eso es lo que nos suele venir a la mente cuando pensamos en la imaginación. Pensamos en ella en función de futuro; sin embargo, todo padre que tenga hijos pequeños o adolescentes sabe que ellos también tienen una memoria imaginativa. ¡En especial, cuando han hecho algo que no habrían debido hacer! La postimaginación, ya sea por razones santas o impías, consiste en reimaginarnos el pasado después que ha sucedido. Y es un don precioso que necesitamos administrar de la forma debida.

Si has sido atleta, te podrás identificar conmigo cuando te digo que mientras más avanzo en edad, mejor era en el pasado. Cuando envejecemos, tendemos a exagerar lo buenos que éramos o lo difícil que era la vida. Nuestros recuerdos no son objetivos. Son subjetivos; muy subjetivos. Y tenemos la tendencia de añadirle romanticismo o dramatismo catastrófico al pasado en uno u otro grado. Todos distorsionamos nuestros recuerdos a base de minimizar unos mientras ampliamos otros. Y nuestra forma de manejar nuestros recuerdos del pasado tiene un gran peso sobre nuestra forma de ver el futuro. Nuestros recuerdos, o bien nos pueden dar el poder necesario para vivir por fe, o nos pueden aprisionar para que vivamos por temor. Nuestra forma de postimaginarnos el pasado nos puede levantar o aplastar. Y por eso es tan importante que veamos el pasado a través de los ojos de Dios.

Mientras más edad tengamos, más importante será que manejemos correctamente nuestros recuerdos, sencillamente, porque cada vez son más. Nuestra manera de manejar nuestros recuerdos va a determinar nuestra manera de ver la vida, de vernos a nosotros mismos y de ver el futuro. Nunca se podrá insistir excesivamente en lo importante que es que aprendamos a manejar nuestros recuerdos. Sin embargo, la mayoría de nosotros no le prestamos atención alguna a este asunto. Nunca hemos evaluado nuestros recuerdos en cuanto a su veracidad. Nunca hemos reorganizado las cartas de nuestra memoria para darles prioridad a los buenos recuerdos. Y hay a quienes se les hace muy difícil borrar los malos recuerdos y eliminar la basura mental.

Nuestra manera de manejar nuestros recuerdos va a determinar nuestra manera de ver la vida, de vernos a nosotros mismos y de ver el futuro.

Tendemos a pensar en la mayordomía en función de tiempo, talentos y tesoros, pero también debemos ser buenos mayordomos de la mente que Dios nos ha dado. Y eso incluye nuestras imaginaciones y postimaginaciones. El mal manejo de nuestros recuerdos puede ser tan debilitador como una minusvalía mental. La solución está en postimaginar el pasado a la luz de la providencia de Dios. ¿Acaso no es ese el tema de los Salmos? En ellos, David está postimaginando las experiencias de su vida y poniéndoles música. Está investigando las razones por las que han sucedido. Está buscando la providencia divina en medio de su angustia. Y, aunque tal vez nosotros no seamos compositores que encontremos una catarsis a base de escribir la letra de nuestras canciones, sí necesitamos una manera de seguir su ejemplo. Aquí es donde entran en juego los símbolos de vida. La razón de ser de los símbolos de vida es poder ver los propósitos de Dios en nuestras experiencias del pasado.

Mirar atrás

Dios nos ha dotado con tres maneras distintas de mirar: mirar hacia atrás, mirar hacia dentro y mirar hacia delante. Esa capacidad tridimensional de mirar atrás, adentro y delante es parte de la imagen de Dios que nos hace diferentes al resto de la creación. Los animales actúan por instinto. Aunque tienen algo de memoria, es una memoria al estilo de los estudios de Pavlov. Reaccionan; no reflexionan. Y aun la acumulación de comida, que parecería una manera de prever el futuro, no es más que una respuesta hormonal al acortamiento de las horas de luz.

En cambio, la humanidad es metacognoscitiva. Y nuestra capacidad de pensar acerca de nuestra manera de pensar es la que nos capacita para postimaginarnos el pasado. Vivimos la vida hacia delante, pero la volvemos a vivir hacia detrás. En parte, el descubrimiento de la huella que hay en tu alma consiste en ver en tus experiencias del pasado los propósitos que ha tenido Dios. El pasado no es circunstancial. El pasado es providencial.

Sabemos que Dios dispone todas las cosas para el bien de quienes lo aman, los que han sido llamados de acuerdo con su propósito. Porque a los que Dios conoció de antemano, también los predestinó a ser transformados según la imagen de su Hijo.

—ROMANOS 8:28–29

Cuando ves tu pasado a través del lente de Romanos 8:28–29, ves que se está desarrollando todo un plan. Tal vez no siempre nos parezca que tiene sentido, pero eso se debe a que no somos omniscientes. Lo natural es que veamos nuestras circunstancias del presente a la luz de las experiencias del pasado. En otras palabras, vivimos moviéndonos hacia delante. Pero Dios comienza teniendo en mente nuestro fin, y trabaja hacia atrás. Entonces, ¿cuál es su fin definitivo? Estamos predestinados a ser conformados a la imagen de Cristo. Esa es la *immagine del cuore*. El objetivo final de toda circunstancia consiste en cultivar en nosotros el carácter de Cristo. Por esa razón, las circunstancias peores pueden ser al mismo tiempo las mejores, porque nos ayudan a identificarnos con los sufrimientos de Cristo. Y las lecciones de vida que aprendemos de las peores de las circunstancias son muchas veces las que constituyen los mejores símbolos de vida.

«Muchas vidas tienen un sentido místico», observaba Aleksandr Solzhenitsyn, el famoso sobreviviente del Gulag soviético, «pero no todos las leen correctamente. Lo más frecuente es que se nos entregue de una fórmula críptica, y cuando nosotros no somos capaces de descifrarla, nos desesperamos, porque nuestra vida parece carecer de sentido. Muchas veces, el secreto de una gran vida es que el hombre logra descifrar los misteriosos símbolos que le han sido otorgados, comprenderlos y así aprender a caminar por el verdadero camino».[4]

Esos misteriosos símbolos deben ser convertidos en símbolos de vida. Y esto comienza cuando hacemos un inventario de nuestro pasado. Si estás dispuesto a hacer un poco de arqueología personal, vas a desenterrar unos cuantos artefactos de un inmenso valor. Empieza por dividir tu vida en capítulos que correspondan a las diferentes edades y etapas. Después regresa hasta tus recuerdos más tempranos. ¿Cuáles son? Positivos o negativos, ¿de qué manera te moldearon? Y, ¿cómo puede redimir Dios esas experiencias del pasado para ayudarte a moverte hacia tu destino futuro? Excavar el pasado puede ser emocionalmente agotador, pero recuerda que allí es donde se halla escondido tu destino. Ora para pedir espíritu de revelación. Asegúrate de tener a mano un diario donde recojas tus pensamientos. Comienza a buscar esos misteriosos símbolos que se pueden convertir en símbolos de vida. Después convierte tu pared, tu escritorio o la repisa de tu chimenea en un altar, separando un lugar donde colocarlos.

El estilo explicativo

En su libro *Learned Optimism* [Optimismo aprendido], el doctor Martin Seligman dice que cada uno de nosotros tiene lo que él llama un estilo explicativo. Ese estilo explicativo es la manera en la cual nos explicamos a nosotros mismos por qué suceden las cosas. Y el *porqué* es más importante que el *qué*. No es nuestra experiencia la que nos levanta o nos aplasta. Es nuestra interpretación y explicación de esas experiencias la que a fin de cuentas determina en quiénes nos convertimos. Tus explicaciones son más importantes que tus experiencias.

Permíteme darte un ejemplo. Pasas por un divorcio difícil. Y ya es suficientemente duro tener que enfrentarte a las realidades del presente, que van desde la custodia de tus hijos hasta la división de las propiedades, pero entonces, también tienes que enfrentarte a una multitud de recuerdos del pasado. No solo les tienes que explicar tu divorcio a tus parientes y amigos. También te lo tienes que explicar a ti mismo. Y hay una gran cantidad de opciones. Lo puedes explicar en función de la genética: *debe estar en mis genes, porque mis padres también se divorciaron*. Lo puedes explicar en función de las incompatibilidades: *simplemente, no estábamos hechos el uno para el otro*. Puedes justificarte en la parte que te toca en los problemas, y echarle la culpa a tu ex: *él (o ella) no quería o no podía cambiar*. O puedes asumir una responsabilidad excesiva y culparte a ti mismo: *todo esto, por mi culpa*. Las explicaciones nunca terminan. También lo puedes espiritualizar en exceso o hacerlo menos espiritual de lo que es. Puedes racionalizarlo en exceso, o racionalizarlo menos de lo debido. Lo puedes sobrestimar o subestimar. Para bien o para mal, hay una gran cantidad de explicaciones para el divorcio. Y lo cierto es que con frecuencia, el divorcio es tan complicado que está por encima de nuestra capacidad para descifrarlo. Pero son tus explicaciones las que te van a dar fortaleza o te van a debilitar. Pueden ser un catalizador para el cambio, o pueden ser tan aprisionadoras como las barras de hierro de una celda. Y todo depende de ti. No puedes cambiar tu pasado, pero sí puedes aprender de él. Y así es como podrás cambiar el futuro.

Hay una gran cantidad de explicaciones diferentes para la misma experiencia. Lo difícil es escoger la correcta. Y aquí es donde necesitamos esa vista santa hacia atrás que nos permita ver los propósitos de Dios en cuanto a nuestro pasado.

Entre mis héroes, cuento a Corrie ten Boom. Durante la ocupación nazi de Holanda en la Segunda Guerra Mundial, la familia Ten Boom arriesgó su propia seguridad escondiendo judíos en su casa. Por fin, el 28 de febrero de 1944, irrumpieron en su hogar, y Corrie y su familia fueron enviados a un campo de concentración. Su padre y su hermana murieron en campos de concentración, pero por una serie milagrosa de circunstancias, Corrie sobrevivió. En 1975 se filmó una película llamada *El refugio secreto*, en la cual se narraba la historia de su vida. Y fue después de ver esa película cuando yo deposité mi fe en Cristo por vez primera. Por lo que pueda valer, te diré que mi símbolo de vida más nuevo es un viejo cartel que acabo de comprar, donde se anuncia una película. El cartel enmarcado de *El refugio secreto* le sirve de marco también a mi vida. Cada vez que lo veo, me acuerdo de la noche en que le pedí a Jesús que entrara a mi corazón.

Durante muchos años, Corrie ten Boom viajó por todo el mundo, compartiendo sus experiencias. O tal vez debería decir que compartía sus explicaciones sobre esas experiencias. Con frecuencia, Corrie hablaba con la cabeza inclinada. Parecía como si estuviera leyendo sus notas, pero estaba trabajando en un tejido con agujas. Entonces, después de relatar su historia sobre las atrocidades por las que pasó a manos de los nazis, Corrie revelaba el tejido en el que había estado trabajando. Lo presentaba por el revés, que solo era un enredijo de colores e hilos sin un patrón discernible. Entonces decía: «Así es como nosotros vemos nuestra vida. Algunas veces, carece de sentido». Después le daba vuelta a su tejido para revelar el lado terminado. Entonces terminaba diciendo: «Así es como Dios ve nuestra vida, y algún día tendremos el privilegio de verla desde su punto de vista».

Uno de nuestros grandes gozos en el cielo consistirá en postimaginarnos el pasado bajo la luz de la eternidad. El pasado entrará en una perspectiva perfecta. Todo tendrá sentido. Y ya no recordaremos lo que deberíamos olvidar, ni olvidaremos lo que deberíamos recordar. En nuestro cuerpo glorificado tendremos una mente glorificada. Y nuestra mente glorificada incluirá imaginaciones y postimaginaciones glorificadas. ¡Qué momento tan grande será ese para aquellos cuyos recuerdos les han sido robados por la enfermedad o por alguna lesión! En un instante, recordarán quiénes son, y quiénes son sus seres amados. Y lo más significativo de todo es que se nos revelará la fidelidad de Dios en toda su gloria.

Cuando Corrie terminaba sus charlas, era frecuente que recitara un poema de autor desconocido que explicaba sus tejidos con las agujas en términos poéticos. Ese poema era también el estilo explicativo de Corrie.

Mi vida no es más que un tejido entre mi Dios y yo;
Yo no escojo los colores;
*   él obra sin parar;*

Con frecuencia,
  él teje en el dolor,
  y yo en mi necio orgullo
Olvido que él ve lo de arriba,
  y yo solo el revés.
Solo cuando haya callado el telar y las lanzaderas hayan
  dejado de volar,
Dios desenrollará el lienzo y explicará el porqué,
Los hilos oscuros son tan necesarios en las hábiles manos del
  Tejedor
Como los hilos de oro y de plata en el patrón que él tiene
  planeado.

La huella que hay en tu alma es bidimensional. La identidad es el revés y el destino el derecho. ¿Los símbolos de vida? Son el fundamento y base. Son los hilos que conectan la identidad con el destino. Son los colores que marcan los momentos decisivos. Son los marcos que nos ayudan a explicar nuestras experiencias. Son las lanzaderas las que nos refinan y definen. Y con que tú solamente te pongas en el telar, Dios tejerá en ti una obra maestra.

Los riscos de las cabras monteses

Después de esto se turbó el corazón de David, porque había cortado la orilla del manto de Saúl.

— 1 Samuel 24:5

Yo tenía veintidós años. Estaba rodeado de pastores que habían estado en el ministerio más años que los que yo tenía de vida. Y allí estaba, sentado lleno de ansiedad en mi silla, preparándome para un bombardeo de preguntas teológicas. Era el día de mi entrevista para la ordenación.

Para serte totalmente sincero, yo albergaba la esperanza secreta de que me hicieran una pregunta sobre escatología, porque yo acababa de calcular en qué momento de la línea cronológica de la Tribulación regresaría Jesús. También pensaba que estaba a punto de resolver la tensión de tantos años entre el calvinismo y el arminianismo. Estaba armado y listo para cuanta pregunta me hicieran. Esto es, todas las preguntas, menos la primera pregunta que me hizo uno de los pastores. Desde aquel momento se convirtió en una de mis preguntas favoritas, porque es una forma estupenda de captar la huella que una persona tiene en el alma.

Esta fue la pregunta: «Si te tuvieras que describirte a ti mismo con una sola palabra, ¿cuál sería esa palabra?».

Yo estaba esperando preguntas acerca de la Biblia. No estaba esperando que me hicieran preguntas acerca de mí mismo. La Biblia, la entendía. Pero, ¿a mí mismo? No tenía la menor idea. Entonces me vino a la mente una palabra, y me sentí muy seguro de que los dejaría maravillados. De hecho, me preguntaba si mi respuesta en una sola palabra no sería el final de la entrevista. Pensaba que a lo mejor me darían mis credenciales al instante, sin comprobar siquiera las personas que había presentado como referencia. ¿Mi respuesta? «Motivado».

En aquellos momentos me sentí muy orgulloso de mi respuesta. Ahora, no lo estoy tanto. Mientras más tiempo llevo de líder, más me doy cuenta de lo poco santificada y saludable que fue mi respuesta en realidad. Es embarazoso admitir esto, pero mi sueño en aquel punto de mi ministerio era estar pastoreando a mil personas cuando cumpliera los treinta años. Claro, el crecimiento de las iglesias no tiene nada de malo. De hecho, quien más quiere que crezca su Iglesia, es Aquel que la fundó originalmente. Pero yo quería aquello, que era correcto, por unas razones incorrectas. Tenían menos que ver con edificar su Iglesia, que con edificar mi ego. Estaba menos interesado en la reputación de él, que en la mía propia. A decir verdad, me interesaban más los números que las personas.

La motivación nada piadosa que yo sentía al principio de mi carrera no es exclusiva del ministerio. Todas las ocupaciones tienen su escalera, y si le pasas por encima a la gente para subir esa escalera, vas a estar terriblemente solo cuando llegues arriba. Si te vas saltando los escalones, tal vez llegues más rápido hasta arriba, pero también vas a tener muchas más probabilidades de caerte. Sin integridad, la escalera no tiene nada en que apoyarse. Sin integridad, no podrás cumplir tu destino, porque tu integridad *es* tu destino.

Han pasado más de quince años desde aquella incómoda entrevista, y aún tengo que seguir batallando con unas motivaciones que no están santificadas. Soy tan imperfecto ahora, como lo era entonces, pero soy mucho mejor a la hora de reconocer y admitir mis propias imperfecciones. También he aprendido una valiosa lección: aquello que nosotros creemos que es la meta, en realidad no es la meta. La meta *no* es la realización del sueño que Dios te ha dado. El sueño es una cuestión secundaria. La cuestión primordial tiene que ver con *quién llegas a ser en medio de este proceso*. Nosotros nos centramos en el *qué*, el *cuándo* y el *dónde*. El interés primario de Dios siempre es el *quién*. Y no te va a llevar donde quiere que vayas, hasta que llegues a ser el que él quiere que seas.

Busca las sombras

Algunas veces, tenemos que morir al sueño que Dios nos ha dado, para que él pueda resucitar ese sueño en su forma glorificada. Y al hablar de forma glorificada, me refiero a perseguir ese sueño para la gloria de Dios. Cuando dejamos de vivir movidos por unos propósitos egoístas, la presión desaparece. Y entonces es cuando nos enfocamos realmente en nuestro destino.

Nosotros nos esforzamos demasiado por fabricar oportunidades, pero todo lo que sea fabricado por el esfuerzo humano no viene con la garantía que da Dios. Nos esforzamos mucho por impresionar a la gente, pero nuestros intentos por impresionar son bastante poco impresionantes, ¿no es cierto? Lo que es realmente impresionante es alguien que no tenga intención alguna de impresionar.

> Dios no te va a llevar donde quiere que vayas, hasta que llegues a ser el que él quiere que seas.

Eso sí que es impresionante. Nuestros intentos por fabricar oportunidades o impresionar a la gente son los productos secundarios de un ego no santificado que se quiere glorificar a sí mismo, en lugar de morir a sí mismo. Y mientras no experimentemos esa muerte a nosotros mismos, nunca llegaremos a la vida en el sentido más real y pleno de la palabra.

Durante mis años de persona «motivada», yo codiciaba las oportunidades para hablar. Decía que esa codicia era un llamado, pero era yo el que trataba de hacer cuanto estuviera a mi alcance para fabricar esas oportunidades. Quería estar en el escenario. Quería estar debajo de los reflectores. Pero una vez más, lo quería por unas razones erróneas. Y tenía que permitir que Cristo crucificara mi codicia una y otra vez. Cuando Dios pudo santificar mis motivaciones, y yo dejé de estar buscando las oportunidades, fue cuando esas oportunidades comenzaron a buscarme a mí.

Hace poco estaba hablando en una conferencia de líderes, y en una de las sesiones me pusieron a hablar junto con Louie Giglio. Louie es el fundador del movimiento llamado Passion, y pastor de la Passion City Church de Atlanta. Yo tenía doce minutos para dar mi charla. A Louie le asignaron treinta. En otras palabras, ambos recibimos lo que nos merecíamos. Louie es uno de mis comunicadores favoritos, así que yo estaba encantado oyéndolo hablar, pero en una situación como aquella es donde las verdaderas motivaciones de uno son puestas a prueba. Si estás jugando al juego de las comparaciones, mientras mejor les vaya a los demás, peor te verás tú, y mientras más mal les vaya a ellos, mejor te verás tú. Mientras estaba allí sentado con Louie en la conferencia, me vino a la mente el tiempo en que yo era un pastor joven, lleno de inseguridades e inmadureces. Tenía unas reacciones mezcladas ante los oradores invitados. Quería que hicieran un buen trabajo. Al fin y al cabo, les estaba dando nuestro púlpito para que predicaran. Pero para ser totalmente sincero, no quería que les fuera *demasiado* bien. ¿Por qué? Porque eso me podía dejar a mí mal parado. Y no quería estar a la sombra de ninguna otra persona. Quería el centro del escenario.

Mientras Louie estaba hablando, oí el susurro del Espíritu, y esto es lo que escribí en mi cuaderno de anotaciones de la conferencia: «Busca las sombras». Como los girasoles, que se ponen de cara al este por la mañana para dejarse llenar por la luz del sol, codiciamos los elogios de la gente. Queremos cuanta onza de crédito pensamos merecer. Pero no se consiguen honores a base de buscar honores. Se consiguen honores a base de dar honor. Jesús lo dijo de esta manera: «No te sientes en el primer lugar» Lucas 14:8. Pero su reto a sus discípulos originales para que se sentaran en los asientos más bajos no impidió que le hicieran una pregunta basada en la comparación: tuvieron «un altercado sobre cuál de ellos sería el más importante» (Lee Lucas 22:24). Nosotros queremos saber cuál es nuestro rango, pero Jesús nunca trató de hacerlo. Y nos desafía a seguir sus huellas y lavar pies. Y de eso hablamos cuando nos referimos a buscar las sombras. No andamos buscando oportunidades para que se nos dé crédito o se haga destacar nuestra presencia. En realidad estamos buscando oportunidades para hacer las cosas donde no nos van a dar crédito, o no van a notar que estamos presentes. Eso demuestra que no estamos viviendo para el aplauso de la gente. Estamos viviendo para el aplauso de unas manos que tienen las cicatrices de unos clavos.

No se consiguen honores a base de buscar honores. Se consiguen honores a base de dar honor.

La mayoría de nosotros esperamos a hacer algo incorrecto cuando nadie nos está observando, y esperamos a hacer algo correcto cuando alguien nos *está* observando. Eso no lo hace la naturaleza humana. Lo hace nuestra naturaleza pecaminosa. Es nuestro afán de autoglorificación, que no tiene nada de santo. Es posible que parezca que todo esto va contra todo lo que nos indica la intuición, pero en realidad, no nos interesa la gente mientras no nos deje de interesar lo que piensa. Mientras no hayas sido crucificado a las opiniones que tienen de ti, en realidad no los puedes ayudar de la manera que deberías hacerlo. Tienes que morir a ellos. Y mientras estamos hablando de esto, te diré que también debes morir a tu agenda, a tus porcentajes de aprobación y a tu reputación.

Uno de mis anhelos más profundos es ser en privado una persona mejor que la persona que soy en público. Aún no he llegado, pero esa es la meta. *Quiero que aquellos que mejor me conozcan sean*

88

los que más me respeten. Esa es la esencia de la integridad. Y esa es una prueba que nunca se realiza en medio de la luz. Siempre se realiza en las sombras, tal como le sucedió a David.

Los riscos de las cabras monteses

Permíteme montar el escenario.

David se estaba escondiendo en los riscos de las cabras salvajes. Dicho sea de paso, allí es precisamente donde yo me habría ido a esconder, sencillamente porque me habría gustado decir: «Me voy a los riscos de las cabras monteses». Suena muy varonil decirlo. *Me voy a los riscos de las cabras monteses.*

David era un fugitivo, porque su suegro, el rey Saúl, lo estaba tratando de matar. ¡Y tú pensabas que tenías problemas con tus suegros! El hombre que había llevado por el pasillo a la esposa de David para entregársela, ahora lo estaba cazando como si se tratara de un animal salvaje.

> No estamos viviendo para el aplauso de la gente. Estamos viviendo para el aplauso de unas manos que tienen las cicatrices de unos clavos.

Por el camino, llegó a un redil de ovejas; y como había una cueva en el lugar, entró allí para hacer sus necesidades. David estaba escondido en el fondo de la cueva, con sus hombres, y éstos le dijeron:

—En verdad, hoy se cumple la promesa que te hizo el Señor cuando te dijo: "Yo pondré a tu enemigo en tus manos, para que hagas con él lo que mejor te parezca".

David se levantó y, sin hacer ruido, cortó el borde del manto de Saúl.

—1 Samuel 24:3–4

David y su banda de hermanos estaban en lo más profundo de los rincones de aquella cueva cuando se presentó Saúl. Entonces, en una escena de comedia que habría hecho que el más catatónico de los críticos de Broadway rodara de risa por los pasillos, Saúl entra en la cueva para aliviarse de sus necesidades físicas. ¡Lo que no sabe, es que David se encuentra en el baño que está junto al suyo!

Quiero que aquellos que mejor me conozcan sean los que más me respeten. Esa es la esencia de la integridad.

Ahora, aquí es donde me resulta útil mi entrenamiento en el seminario. Aquí es donde excavo en el original hebreo para hacer preguntas como estas: *¿qué significa realmente eso de cubrir sus pies? ¿Estamos hablando del número uno, o del número dos? ¿Qué sugieren el texto y el contexto? ¿Cuál es el consenso de los eruditos con respecto a este punto?*

Basado en la cantidad de tiempo que Saúl pasó en la cueva, y aprendiendo por experiencia personal, creo que las evidencias señalan hacia el número dos. ¿Por qué? ¡Porque David tuvo tiempo para cortarle la orilla al manto de Saúl! No creo que habría tenido tiempo para hacer esa maniobra si estuviéramos hablando del número uno. Y me parece que esta cuestión del número uno contra el número dos tiene un significado mucho más espiritual del que nosotros creemos.

Si hubiera ido solo al número uno, David no habría tenido mucho tiempo para pensar en lo que iba a hacer. En cambio, si estamos hablando del número dos, su integridad se vuelve mucho más impresionante. David tuvo todo el tiempo del mundo para matar a Saúl. No se trató simplemente de que se resistiera a una tentación de un instante. Tuvo tiempo de pensarlo y de actuar de acuerdo con lo pensado. Mientras David sopesaba sus opciones, aquel tiempo le debe haber parecido una eternidad. *¿Mato al rey* *y me apodero del trono que me pertenece por derecho, o me arriesgo a perder una oportunidad única en la vida para seguir viviendo como un fugitivo?*

Seguramente, los hombres que estaban con él consideraban aquella situación como una oportunidad dada por Dios, pero solo por el hecho de que algo parezca o lo sintamos como cosa de Dios, eso no significa forzosamente que lo sea. Solo porque lo hayan aprobado y apoyado tus confidentes más cercanos, eso no quiere decir que sea cosa de Dios. Solo porque parezca ser una oportunidad dorada, eso no quiere decir que sea cosa de Dios. *Una oportunidad no es oportunidad, si para aprovecharla tienes que poner en peligro tu integridad.* Si tienes que mentir en un currículum vitæ, o retener información durante una entrevista, entonces no vale la pena que consigas ese trabajo. Si consigues el trabajo a base de poner en peligro tu integridad, entonces vas a seguir haciendo concesiones de este tipo mientras lo realizas. En cambio, si eres una persona recta desde el primer momento, entonces o bien tu posible empleador te va a respetar por esa rectitud y te va a contratar a causa de tu integridad, o te hará el favor de no contratarte.

> Una oportunidad no es oportunidad, si para aprovecharla tienes que poner en peligro tu integridad.

Cuando la National Community Church estaba apenas despegando, se nos presentó algo que parecía una oportunidad dorada. Otra iglesia nos propuso que uniéramos ambos grupos. Esa iglesia era increíblemente disfuncional, tenía una inmensa cantidad de problemas internos, pero también tenía dependencias por valor de doce millones de dólares libres de deudas. Yo pensaba que podríamos soportar un poco de disfunción a cambio de los doce millones, pero también sabía que lo estaríamos haciendo por razones totalmente equivocadas. Para aprovechar aquella oportunidad, habríamos tenido que poner en peligro nuestra integridad. Y cuando uno hace concesiones en su integridad, lo que realmente está poniendo en peligro es la oportunidad misma. Ahora, al recordarlo, me siento muy agradecido de no haber seguido adelante con la fusión de los dos grupos, porque eso habría destruido el ADN de nuestra iglesia. También habría destruido nuestra integridad. Fue duro dejar atrás una propiedad de tanto valor monetario, especialmente si tenemos en cuenta que en Capitol Hill las propiedades se estaban vendiendo a unos diez millones de dólares por acre (alrededor de 0,4 hectáreas, n. del t.), pero estábamos haciendo lo que era correcto. Aquella oportunidad no era una oportunidad, porque habría puesto en peligro la integridad de nuestra iglesia.

> Cuando uno hace concesiones en su integridad, lo que realmente está poniendo en peligro es la oportunidad misma.

A todas las personas nos llegan momentos en los cuales nuestra integridad es puesta a prueba, y esas son las pruebas más importantes por las que vamos a pasar. Te sentirás tentado a tomar el atajo, pero si lo haces, estarás creando un cortocircuito en los planes de Dios a largo plazo para tu vida. No lo hagas. Desecha lo que parece una oportunidad, en nombre de tu integridad.

David se encontraba a unos centímetros y unos segundos de distancia de convertirse en rey de Israel. Todo lo que tenía que hacer era apuñalar a Saúl por la espalda. Aquella situación parecía una oportunidad que Dios le estaba presentando, pero no se puede juzgar la voluntad de Dios por lo únicas que sean las circunstancias. Además, el fin nunca justifica los medios. David sabía que Saúl había sido ungido y nombrado por Dios. Matar a un rey era algo contrario a la ley. Dios era el que lo había situado en esa posición, y Dios era el único que lo podía sacar de ella. David se negó a tomar la situación en sus propias manos, porque entonces sus huellas dactilares lo llenarían todo. Y cuando nosotros ponemos nuestras huellas dactilares sobre algo, por lo general esto significa que estamos tomando las cosas en nuestras propias manos en lugar de ponerlas en las manos del Dios Todopoderoso.

Cuando recuerdo los momentos decisivos de mi vida y les quito el polvo en busca de mis huellas, veo que los momentos más grandiosos son aquellos en los cuales no aparecen mis huellas dactilares por ninguna parte. Todo lo que veo son las huellas dactilares de Dios.

Una integridad épica

Pero le remordió la conciencia por lo que había hecho, y les dijo a sus hombres:

—¡Que el Señor me libre de hacerle al rey lo que ustedes sugieren! No puedo alzar la mano contra él, porque es el ungido del Señor.

De este modo David contuvo a sus hombres, y no les permitió que atacaran a Saúl.

—1 Samuel 24:5–7

David se deslizó sin hacer ruido y le cortó la orilla del manto a Saúl. Impresionante, ¿no es cierto? No sé si a ti te sucede, pero cuando yo suelo estar más alerta, es cuando estoy en el baño. Es toda una hazaña deslizarse por detrás de alguien sin hacer ruido cuando se halla en esa situación. Y ya que estamos hablando de esto, la hazaña también la compartió toda la banda de hermanos de la cual se había rodeado David. Si algo conozco acerca de los varones, es que nunca les falta algún chiste acerca de situaciones así. Es casi milagroso que no se echaran a reír mientras Saúl actuaba con toda despreocupación. El hecho de que se mantuvieran callados, sin que uno solo de ellos se riera, por sofocada que fuera su risa, es uno de los grandes misterios de las Escrituras que quedan por resolver.

Aquello fue una verdadera hazaña. Yo me estaría felicitando a mí mismo, pero David se sintió turbado. Su conciencia lo molestaba. ¿En serio? ¿Saúl estaba tratando de asesinarlo, y su conciencia lo molestaba porque le había cortado la orilla de su manto?

Ya en aquellos momentos, David era un guerrero endurecido en la batalla, pero su conciencia seguía siendo sensible a la convicción del Espíritu Santo. Las injusticias que había tenido que sufrir no le habían robado la sensibilidad. De hecho, le habían ablandado el corazón y afinado más aún la conciencia. Y es la conciencia bien afinada la que no solo impide que hagamos lo que no debemos, sino que también nos impulsa a actuar de una manera correcta. Hay un viejo adagio que dice: «Deja que te guíe tu conciencia». La conciencia, como si fuera nuestro GPS espiritual, nos indica cuándo debemos hacer una vuelta en U porque hemos errado en algo. Pero también nos indica cuándo debemos girar hacia la derecha; hacia lo que es justo. La conciencia bien afinada nos guía hacia nuestro punto de destino, como la voz del GPS nos notifica cuál deberá ser nuestro próximo cambio de rumbo.

En mi mente, David habría podido justificar fácilmente el haber matado al rey. Al fin y al cabo, aquello se habría podido calificar de defensa propia, en especial si era él mismo el que nombraba a los jueces. Pero si David hubiera matado a Saúl en esa situación, me parece que habría estado mirando por encima de su hombro, lleno de desconfianza, cada vez que él mismo se viera en ella. Al fin y al cabo, la mayoría de los reyes que se convierten en tales a base de matar al rey anterior, terminan asesinados por el que será rey después de ellos. Y eso es lo que sucede cuando uno pone en peligro su integridad. Después siempre tiene que mantenerse vigilando por encima de su hombro. En lugar de poder enfocar toda su energía en mirar hacia delante, tiene que desperdiciarla mirando hacia atrás. No puede enfocarse en el lugar hacia donde se dirige, porque tiene que cubrir el lugar donde ya ha estado.

> Matar a Goliat era un acto de poder. No matar a Saúl era un acto de fuerza de voluntad. Y es muy posible que la fuerza de voluntad sea la forma más pura de poder.

Este fue un momento decisivo para David. Fue un momento que determinaría su destino. Se halla a la altura de la victoria sobre Goliat. Combatir a Goliat exigió de él una valentía de un nivel épico. No matar a Saúl le exigió una integridad, también de niveles épicos. De hecho, es posible que le haya sido más difícil no matar a Saúl, que matar a Goliat. Matar a Goliat era un acto de poder. No matar a Saúl era un acto de fuerza de voluntad. Y es muy posible que la fuerza de voluntad sea la forma más pura de poder.

La fuerza de voluntad

El Nuevo Testamento hace una distinción entre distintos tipos de poder, sobre todo dos. La *dýnamis* es la capacidad de hacer cosas que se hallan por encima de nuestra capacidad natural. En cambio la *exousía* es la capacidad de *no* hacer cosas que sí nos es posible hacer. Y la Cruz es el ejemplo máximo de esta segunda clase de poder. Las Escrituras lo proclaman de manera explícita: nadie le arrebató la vida a Jesús. En Juan 10, él dice en cuatro ocasiones que está sacrificando voluntariamente su vida. «Tengo autoridad para entregarla, y tengo también autoridad para volver a recibirla» Juan 10:18. La palabra traducida como «poder» es *exousía*.

La *dýnamis* de Jesús es impresionante. Hizo caminar a los lisiados y hablar a los mudos. Sanó a los enfermos y resucitó a los muertos. Pero a mí me impresiona más aun su *exousía*. Lo que me cambió la vida no fue *lo que él podía hacer*. Lo que me transformó fue *lo que habría podido hacer, pero decidió no hacerlo*. Mientras Jesús colgaba en la Cruz, él dijo: «¿Crees que no puedo acudir a mi Padre, y al instante pondría a mi disposición más de doce batallones de ángeles?» Mateo 26:53. Jesús habría podido escapar a sus sufrimientos con solo pedir el refuerzo de ángeles, pero así habría estado abortando su misión redentora.

La legión era la unidad más grande dentro del ejército del imperio romano, y constaba de unos seis mil soldados. De manera que Jesús, con solo pedirlo, habría tenido bajo sus órdenes a setenta y dos mil ángeles. ¡*Un solo ángel* habría bastado! Pero Jesús se negó a ejercer su *dýnamis*. En lugar de hacerlo, decidió ejercer su *exousía*. Permitió que la gente se burlara de él. Permitió que lo escupieran. Permitió que lo golpearan. Permitió que le pusieran una corona de espinas en la cabeza. Permitió que lo clavaran a la Cruz. Esto no es solamente amor. No es solamente poder. Es fuerza de voluntad. No fue el poder del imperio romano el que lo mantuvo clavado a aquella Cruz. Fue su *exousía*. Y esa es la clase de fuerza de voluntad que había ejercitado también David, su antepasado.

El momento en que David se resistió ante la tentación de quitarle la vida a Saúl fue un momento decisivo para él. Casi da la impresión de que su integridad lo estaba forzando a perderse una oportunidad. Casi parece como si la integridad le hubiera robado algo que le pertenecía por derecho; algo para lo cual había sido ungido. Sin embargo, la integridad se niega a tomar por los atajos; o tal vez deberíamos decir, cortar esquinas.

La integridad no es sensual. No es algo celebrado en nuestra cultura. De hecho, casi parece una virtud en peligro de extinción.

Y sin embargo, es la integridad la que mantiene en existencia a todas las demás virtudes. Si alguien no la tiene en su vida, todo lo demás se le viene abajo. Y aquí está incluido también su destino. Nadie podrá realizar jamás el destino que Dios le ha señalado, si carece de integridad. David se enfrentó a una prueba de integridad en aquellos momentos, y salió plenamente victorioso de ella. No necesitó tomarse la justicia en sus manos. Lo que necesitó demostrar fue que no estaba dispuesto a hacerlo. Necesitó demostrarle a Dios que podía confiar en él allí en aquella cueva. Al fin y al cabo, si Dios puede confiar en que hagas lo que es correcto cuando Saúl está en el trono, entonces también puede confiar en que hagas lo correcto cuando seas tú el que estés sentado en ese trono.

> Nadie podrá realizar jamás el destino que Dios le ha señalado, si carece de integridad.

Una definición de integridad dice que consiste en *hacer lo que es correcto, aun en los momentos en que nadie nos está observando.* Nadie estaba observando a David. Se encontraba en una cueva en medio de una región desolada. No es posible alejarse mucho más de la civilización, que yendo a los riscos de las cabras monteses. Y pienso que eso hacía más fuerte todavía la tentación, porque mientras más lejos estemos de nuestro hogar, más difícil nos va a ser mantener intacta nuestra integridad. Por eso los viajes de negocios, los viajes al extranjero y la transición al colegio universitario pueden ser tan peligrosos. Uno siente que no le tiene que rendir cuentas a nadie, porque se siente más invisible. Y esa falsa sensación de invisibilidad es la que lo pone en un peligro mayor de pecar. Se me ocurren media docena de maneras en que David habría podido matar a Saúl y ocultarlo. Nadie tendría por qué saberlo. Nadie lo vería. Sin embargo, David sabía que el Dios que todo lo ve lo estaba observando.

El paraguas de la autoridad

Reconozca que yo no intento hacerle mal ni traicionarlo. Usted, sin embargo, me persigue para quitarme la vida, aunque yo no le he hecho ningún agravio. ¡Que el Señor juzgue entre nosotros dos! ¡Y que el Señor me vengue de usted! Pero mi mano no se alzará contra usted.

—1 Samuel 24:11–12, 15

Una definición de integridad dice que consiste en hacer lo que es correcto, aun en los momentos en que nadie nos está observando.

Cuando alguien viola su conciencia, pone en riesgo su propia reputación. También se tiene que convertir en su propio abogado, porque se ha salido más allá de los límites de la voluntad de Dios. En cambio, cuando obedecemos a Dios, viviendo dentro de los límites protectores de una conciencia que está sintonizada con el Espíritu Santo y las Santas Escrituras, entonces es la reputación de Dios la que se encuentra en riesgo. Tal como lo experimentó David, Dios se convierte en nuestro abogado. Así que la verdadera cuestión cuando de obediencia se trata, es esta: ¿quieres ser tu propio abogado, o quieres que el Todopoderoso te defienda?

Cuando le sometemos nuestra vida a la autoridad de Dios porque vivimos con integridad, quedamos bajo el paraguas protector de esa autoridad divina. Y ese paraguas de autoridad, además de ser nuestro refugio, nos proporciona una cobertura sobrenatural. Además, elimina en nosotros toda clase de presiones.

Hay quienes creen que diezmar es algo que añadiría una presión económica más a su vida, al llevarse el diez por ciento de sus ingresos. Esto no es cierto. Diezmar es algo que nos alivia de las presiones económicas, porque ya no somos los responsables de nuestras finanzas. Ahora es Dios. Y Dios puede hacer más con el noventa por ciento, que tú con el cien por ciento. Por ser un acto de integridad, el diezmo forma una cobertura sobrenatural para tus finanzas. En última instancia, a lo único que tenemos que temer es a vivir fuera del paraguas protector de su autoridad. Nada nos llena más de una seguridad santa, que el hecho de saber que Dios mismo es nuestro defensor. No tenemos que tomarnos las cosas en nuestras propias manos, porque están en las manos del Dios Todopoderoso. Podemos bendecir a los que nos maldigan. Podemos orar por los que nos persigan. Podemos amar a nuestros enemigos. ¿Por qué? Sencillamente, porque sabemos que Dios es quien nos defiende.

Yo sé que son muchas las personas a las que no les cae bien su jefe. Y en muchos casos, esta antipatía tiene sus razones. Pero cuando permitimos que una semilla de amargura eche raíces en nuestro espíritu, no dejamos a nuestro jefe en la oficina. Nos lo llevamos con nosotros a nuestro hogar. Nos lo llevamos con nosotros cuando vamos de vacaciones. No es simplemente nuestro jefe del trabajo. Se convierte en nuestro jefe en todas partes y todo el tiempo. Desperdiciamos demasiada energía emocional cuando permitimos que otras personas nos controlen de una forma carente de salud y de santidad. ¿Cómo? Tratando a esas personas de la misma manera que ellas nos tratan a nosotros. Pero David se negó a rebajarse al mismo nivel que Saúl. Eso es integridad. La integridad no permite que las acciones de los demás controlen nuestras propias reacciones, lo cual constituye una moral de situación en su peor forma. La integridad consiste en tomar la decisión correcta, sin que nos importe cuándo, dónde o qué. Si David hubiera matado a Saúl, Saúl habría seguido siendo su rey para siempre.

La integridad consiste en tomar la decisión correcta, sin que nos importe cuándo, dónde o qué.

No te vuelvas negativo porque los demás son negativos. No rebajes tu integridad al nivel de la gente que te rodea.

¿Me permites recordarte que tu jefe no es quien te controla? Tampoco te controla tu cónyuge, ni tu amigo, o profesor, o entrenador, o compañero de habitación, ni colega. *Te controlas tú mismo.* No me importa que tu jefe te esté cazando como si fueras un animal salvaje, tratando de matarte. Aun así, eres tú quien tienes el control de ti mismo. No mientas porque los demás mienten. No murmures porque los demás murmuren. No hagas trampas porque los demás también las hagan. No te vuelvas negativo porque los demás son negativos. No rebajes tu integridad al nivel de la gente que te rodea. Trata de levantar a los que te rodean a un nivel superior al que tienen. Si te niegas a hacer concesiones en cuanto a tu integridad, tendrás una buena posibilidad de ganarte el respeto de la gente con la cual trabajas. Y eso es lo que hizo David. He aquí lo que Saúl le dijo:

—Has actuado mejor que yo —continuó Saúl—. Me has devuelto bien por mal

¿Quién encuentra a su enemigo y le perdona la vida? ¡Que el SEÑOR te recompense por lo bien que me has tratado hoy! Ahora caigo en cuenta de que tú serás el rey, y de que consolidarás el reino de Israel.

—1 SAMUEL 24:17, 19–20

La Biblia está repleta de historias acerca de personas que se negaron a poner en peligro su integridad en unos ambientes de trabajo difíciles. Y con frecuencia, el hecho de no haber estado dispuestos a comprometerla, fue el que preparó el escenario para los milagros. Si Sadrac, Mesac y Abed-nego hubieran renunciado a su integridad, inclinándose ante aquel ídolo de casi treinta metros de altura, nunca se habrían librado del horno de fuego, en primer lugar porque no los habrían lanzado dentro de él. Tal parece como si mantener intacta su integridad era algo muy peligroso, pero siempre sucede lo diametralmente opuesto. Es peligroso renunciar a nuestra integridad, porque así no le permitimos a nuestro Defensor que intervenga a favor nuestro. Fue la integridad de Sadrac, Mesac y Abed-nego la que hizo que entrara en escena aquel cuarto hombre, el Hijo del Hombre, para librarlos de las llamas. ¿Y mi parte favorita de la historia? «Ni uno solo de sus cabellos se había chamuscado; es más, su ropa no estaba quemada ¡y ni siquiera olía a humo!» Daniel 3:27. La integridad no va a impedir que te lancen a un horno de fuego, pero sí impedirá que huelas a humo.

> Es peligroso renunciar a nuestra integridad, porque así no le permitimos a nuestro *Defensor* que intervenga a favor nuestro.

Y no solo te protegerá a ti, sino que también traerá convicción sobre la gente que te rodee. Nabucodonosor se arrepintió cuando presenció la integridad sin componendas que manifestó aquel trío de judíos. Saúl hizo lo mismo como reacción al épico acto de integridad realizado por David.

Si quieres llegar a realizar tu destino, no pongas en peligro tu integridad. O, dentro del contexto de la historia de David, *no tomes atajos*. Así de sencillo. Las pequeñas concesiones son las que nos llevan a los grandes problemas. Si te dedicas a buscar atajos, tal vez parezca que estás aprovechando una oportunidad, pero en realidad la estás poniendo en peligro, porque cada vez que peligre tu integridad, estará peligrando tu oportunidad.

Las pruebas de integridad

A medida que este capítulo va llegando a su final, me voy dando cuenta de que es posible que te sientas como si ya hubieras fracasado en la prueba de integridad. Lo cierto es que todos hemos fracasado en esa prueba. Pero la buena noticia es que Dios nos permite volver a someternos a la prueba en la cual hemos fracasado. Los fracasos nunca son definitivos, mientras nosotros sigamos buscando el perdón. Y algunas veces, las pruebas en las que hemos fracasado nos enseñan unas lecciones de un valor incalculable, que no podríamos aprender de ninguna otra forma.

La integridad no va a impedir que te lancen a un horno de fuego, pero sí impedirá que huelas a humo.

Hace algunos años, yo fracasé en una prueba de integridad. Estaba hablando en una reunión de la comunidad de Capitol Hill, poniendo al día la información sobre la cafetería que estábamos construyendo. La comunidad no estaba muy convencida de que una iglesia estuviera construyendo una cafetería, así que yo estaba tratando de ser lo más políticamente correcto que pudiera. Cuando terminé de informarles, les pedí que me hicieran preguntas, y alguien me preguntó el significado del nombre que le íbamos a poner a la cafetería. El nombre, Ebenezer's, está tomado de 1 Samuel 7:12 y significa «Hasta aquí nos ayudó Jehová». La llamamos así, porque hubo muchos momentos para Ebenezer's durante el proceso de zonificación, en los cuales Dios había intervenido de manera milagrosa a nuestro favor. Pero en lugar de glorificar a Dios, diciendo el verdadero significado, hice una paráfrasis. Y esa paráfrasis era una concesión que me causó remordimiento de conciencia. Les dije que significaba «Hasta ahora, todo bien», pero en el mismo segundo que lo dije, supe que había entristecido al Espíritu Santo. ¡Eso no es lo que significa, porque está sacando a Dios de la ecuación! Ahora bien, permíteme poner la situación dentro de su contexto. Unas pocas semanas antes de aquella reunión, habíamos celebrado nuestra llamada «Easter Eggstravaganza» en Capitol Hill. Y aunque bendijimos a miles de personas en aquel día, una de las señoras que asistieron se quejó. Dijo que nosotros habíamos hablado demasiado de Jesús. ¡De ninguna manera! Al fin y al cabo, somos una iglesia, y estábamos celebrando el Domingo de Resurrección. Sin embargo, nada lograba pacificarla en su antagonismo contra nosotros. Bueno, esa dama estaba presente en aquella reunión comunitaria, y eso me puso a la defensiva. Así que, en lugar de ofenderla a ella, ofendí al Espíritu Santo.

Después de la reunión, mi conciencia sufría por aquel pecado, y yo le pedí perdón a Dios. Sabía que había fracasado en una prueba de integridad, y le pedí a Dios una segunda oportunidad. A lo largo de los años, él me ha proporcionado una gran cantidad de oportunidades de volver a pasar por la prueba. Y la he pasado, en parte porque antes había fracasado en ella. A raíz de aquella experiencia, le prometí a Dios que nunca más lo volvería a sacar de la ecuación. Le prometí que no me pondría a la defensiva acerca de mi relación con mi Defensor. Y le prometí que le daría a él la gloria sin pedirle disculpas a nadie, ni sentir vergüenza alguna, cada vez que tuviera la oportunidad de hacerlo.

También ideé mi propia traducción personal de 1 Samuel 7:12. Decidí torcer el viejo adagio de «Hasta ahora, todo bien», sacando la palabra «bien» de la ecuación. ¿Mi traducción actual? «Hasta ahora, todo Dios». Ese versículo, 1 Samuel 7:12, y las iniciales de mi traducción (SFSG en inglés) están escritos en las cubiertas de nuestras tazas de café. Y si a alguien le ofenden, que así sea. ¡Por lo menos, sabremos que Dios no se siente ofendido!

El temor de Dios es la señal de que nuestra conciencia está bien centrada.

Una de las decisiones más importantes que tomarás jamás tiene que ver con la persona a la que vas a ofender. Créemelo: algún día vas a ofender a alguien. ¡Pero asegúrate de que ese alguien no sea el Todopoderoso! Me imagino que los compañeros de David se sintieron ofendidos cuando él no mató a Saúl. No hizo caso de los consejos de ellos. Y francamente, estaban ya cansados hasta la saciedad de andarse escondiendo en cuevas. Estoy seguro de que tuvieron dudas acerca de su líder, pero David no tuvo miedo de ofenderlos a ellos. Lo que temía David era ofender a Dios, y ese temor santo, no solo es el principio de la sabiduría, sino que también es el principio de la integridad. El temor de Dios es la señal de que nuestra conciencia está bien centrada. Pero con el tiempo, el deseo de hacer lo que es correcto ante los ojos del Señor es motivado por algo más que la temible realidad de que Dios nos ve cuando hacemos algo incorrecto. Está motivado por el hecho de que él nos ve cuando hacemos algo correcto. El deseo de hacer lo correcto ante sus ojos es motivado por el hecho de que somos la niña de sus ojos. Así que la integridad comienza con el temor de Dios, pero termina con el amor a Dios.

Un monumento a nosotros mismos

David estaba más preocupado de no ofender a Dios, que de ofender a sus amigos, porque le interesaba más la reputación de Dios que la suya propia. Y para valorar realmente esta dimensión de su integridad, todo lo que tienes que hacer es compararlo con Saúl. Saúl estaba más preocupado por su propia reputación que por la de Dios, y ese solo factor diferenciante es el motivo por el cual los destinos de ambos tomaron caminos divergentes. Saúl podría ser considerado como el líder más inseguro de las Escrituras. Y esa inseguridad no solo socavó su integridad, sino que también lo alejó de su destino. Hay dos versículos que presentan dos momentos decisivos de su caída.

> Luego Saúl construyó un altar al SEÑOR. Éste fue el primer altar que levantó.
>
> —1 SAMUEL 14:35

Hasta ahora, todo Dios. Saúl le está dando crédito el que lo merece. Está reconociendo que es Dios quien gana las victorias. Pero todo eso cambia en un solo capítulo.

> Saúl se fue a Carmel, y allí se erigió un monumento.
>
> —1 SAMUEL 15:12

En algún momento, entre 1 Samuel 14:35 y 1 Samuel 15:12, Saúl dejó de edificar altares a Dios para comenzar a construirse monumentos a sí mismo. Y el profeta Samuel supo ver a través de aquella cortina de humo, de manera que le preguntó: «Aunque te creías poca cosa, has llegado a ser jefe de las tribus de Israel? ¿No fue el SEÑOR quien te ungió como rey de Israel?» 1 Samuel 15:17. ¿Quiénes se construyen monumentos a sí mismos? Los que piensan que valen muy poco. El orgullo es un producto secundario de la inseguridad. Es decir, que mientras más inseguro seas, más monumentos necesitarás construir.

> Saúl dejó de edificar altares a Dios para comenzar a construirse monumentos a sí mismo.

Y ahora, permite que te haga una pregunta difícil que te va a exigir una respuesta franca: ¿le estás edificando altares a Dios, o estás levantándote monumentos a ti mismo? ¿Por cuál de las dos reputaciones te preocupas más, por la tuya o por la de Dios? Si la que más te preocupa es tu propia reputación, entonces te estás levantando monumentos a ti mismo, y tu relación con Dios tiene como meta tu propio provecho. En realidad no estás sirviendo a sus propósitos. Estás practicando una espiritualidad egoísta que quiere que sea Dios quien sirva a los propósitos tuyos. Y eso tiene un nombre: *idolatría.* Si te descuidas, el sueño que te ha dado Dios se puede volver más importante para ti, que el propio Dador de ese sueño. Dios dejará de serlo todo, y de ser el fin de todo. Se convertirá en el medio para llegar a un fin inferior. Y entonces es cuando el sueño que Dios te ha dado para que lo glorifiques a él se convierte en un ídolo que le roba la gloria que solo él se merece. Si David hubiera matado a Saúl para apoderarse del trono, ese trono se habría convertido en un ídolo de su vida. Él era por derecho el heredero al trono, debido a su unción, pero eso no habría justificado el que hiciera concesiones en su integridad. El hecho de estar dispuesto a renunciar al trono fue el que le demostró a Dios que David estaba listo para ocuparlo.

> El hecho de estar dispuesto a renunciar al trono fue el que le demostró a Dios que David estaba listo para ocuparlo.

La caída de Saúl comenzó cuando se empezó a comparar con David. ¡Y cuando nos dedicamos al juego de las comparaciones, nadie gana! Lo que resulta es, o bien el orgullo, o bien los celos, y ambas cosas hacen que pongamos en peligro nuestra integridad. En el caso de Saúl, fueron los celos. En lugar de mantener sus ojos fijos en Dios, mantuvo unos ojos llenos de celos, fijos en la persona de David (Lee 1 Samuel 18:9). Y aquí se encuentra la gran ironía de esta historia. David era el mejor de los recursos que tenía Saúl. Lo había ayudado a salir victorioso en el caso de Goliat. Había asegurado su reinado contra los ataques de los filisteos. Hasta había tocado música con su arpa para aliviar la angustia de su alma. Saúl habría debido estar cantando las alabanzas que componía David, pero cuando uno es inseguro, su mayor recurso se convierte en su mayor amenaza. La comparación sabotea nuestro destino al socavar nuestra integridad.

Dick Foth, mi amigo y mentor, me habló una vez acerca de un trato que él había hecho con Dios: *si yo no me atribuyo el mérito, entonces tampoco voy a tener que cargar con la culpa*. ¡Qué manera tan maravillosa de vivir y de ser líder! Y no puedo menos que preguntarme si David no haría con él un trato semejante.

La mayoría de nosotros nos pasamos gran parte de nuestra vida tratando de demostrarle a la gente lo valiosos que somos, cuando todo lo que tenemos que hacer es validarnos delante de Dios. Esa es la clave de nuestra integridad, y la clave de nuestro destino. No tenemos necesidad de demostrarle nada a nadie, porque Dios es nuestro defensor todopoderoso. Y cuando vivimos con integridad, entonces Dios no solo te demostrará a ti quién es, sino que también les demostrará a los demás quién eres tú. La mayor de las libertades consiste en darnos cuenta de que no le tenemos que demostrar nada a nadie, más que a Dios mismo. Y esa revelación fue la que hizo de David un hombre según el corazón de Dios.

Tal vez sea hora de dejar de seguir atribuyéndote los méritos, para que puedas dejar de atribuirte las culpas. Tal vez sea hora de que dejes de tratar de demostrarle a la gente lo que vales, y se lo demuestres a Dios. Tal vez sea hora de dejar de levantarte monumentos a ti mismo para comenzar a edificarle altares a Dios.

> La mayor de las libertades consiste en darnos cuenta de que no le tenemos que demostrar nada a nadie, más que a Dios mismo.

ESCENA IV

Mi álterego

Y aun me haré más vil que esta vez, y seré bajo a tus ojos.

—2 Samuel 6:22

Y o no sé danzar. Ahí está. Ya lo dije. En un espectáculo de variedades hace varios años hice algo de «Riverdance», una danza tradicional irlandesa. En una ocasión, mi cuñada trató de enseñarme los pasos del baile llamado «Running Man». Y si me logro concentrar bien, hasta puedo hacer algo que se parece al desliz eléctrico. Pero mi estilo libre carece de estilo. En cuanto a ritmo y coreografía, me temo que tengo mis limitaciones. Y por eso aquello fue una experiencia tan traumatizante.

Nuestro personal estaba en Los Ángeles para asistir a una conferencia de líderes. Yo le tenía una alta estima al escritor y pastor Erwin McManus, así que decidimos visitar la iglesia que él pastoreaba. Entramos y encontramos algunos asientos en la fila del frente. Gran error. En Mosaic, los cultos son altamente interactivos, y en aquel fin de semana en particular, pidieron un voluntario de entre los asistentes que hiciera una danza interpretativa. Fue entonces cuando mi equipo se volvió en mi contra. Aquello fue como el motín del *Bounty*. Todos levantaron la mano y me ofrecieron a mí de voluntario. La palabra *avergonzado* no es suficientemente fuerte para describir lo que sentí. No podía negarme sin crear un incidente, así que muy a mi pesar, me arrastré hasta la plataforma. Aquella no era la forma en que yo habría querido conocer personalmente a Erwin. Él me dijo que disponía de sesenta segundos para hacer una danza interpretativa sobre el caos, y la música empezó a sonar. Lo irónico es que aquel era el único tipo de danza interpretativa de la cual yo habría podido salir bien parado. Y créeme: aquello fue un caos.

Por fuera, yo estaba «danzando», pero por dentro me estaba muriendo. Morí mil veces en sesenta segundos exactos. Nunca me he sentido más avergonzado. Nunca me había sentido tan humillado. Y uno de mis compañeros de equipo amotinados tuvo la suficiente presencia de ánimo para captar mi «caos» con su cámara de películas. Si escuchas con cuidado mientras ves el video, podrás oír realmente a Erwin riéndose en el fondo de la escena. Estupendo. Y después, para añadirle más leña al fuego, los danzantes profesionales de Mosaic siguieron mi rutina con una interpretación danzada del amor que era tan hermosa y elegante, que ciertamente, los ángeles deben haber llorado. Verdaderamente maravillosa.

A nadie le agrada que lo avergüencen. De hecho, hacemos todo cuanto esté en nuestro poder para evitar a toda costa las situaciones embarazosas. Pero necesitamos ser avergonzados por la misma razón por la que necesitamos fracasar: porque eso nos mantiene humildes. Y la humildad es la clave para el cumplimiento de nuestro destino. Mientras más tiempo vivo

Dios no hace lo que hace, *por causa* de nosotros. Dios hace lo que hace *a pesar* de nosotros.

y guío a los demás, más convencido estoy de esta sencilla verdad: Dios no hace lo que hace, *por causa* de nosotros. Dios hace lo que hace *a pesar* de nosotros. Todo lo que tenemos que hacer nosotros es quitarnos del medio. Y la forma de quitarnos del medio es mantenernos humildes. Si nos mantenemos humildes, no hay nada que Dios no pueda hacer en nosotros y por medio de nosotros. Y nada amplía tanto nuestra capacidad de ser humildes como la vergüenza. Si la manejamos de una manera adecuada, una dosis saludable de vergüenza nos viene muy bien. Los momentos embarazosos son como antioxidantes espirituales. Purgan el ego de las impurezas del orgullo. Esto lo sé por experiencia personal.

Los momentos embarazosos marcan nuestra vida de maneras únicas y poderosas. Algunos de ellos hacen que sintamos vergüenza. Otros nos hacen reír entre dientes. Pero de una forma u otra, nos ayudan a llegar a una aceptación de lo que somos y, más importante aún, de lo que no somos.

Los momentos más embarazosos

Uno de los primeros momentos embarazosos que puedo recordar en mi propia vida tuvo lugar estando en segundo grado. Durante el recreo me caí en un charco lleno de lodo y se me empaparon los pantalones. La enfermera de la escuela me dio un par de pantalones de lana a cuadros que olían a bolas de naftalina. Estoy bastante seguro de que originalmente los había usado un hippie de corta estatura que los donó a la escuela a fines de los años sesenta después de haber dejado las drogas. Los habría debido quemar. No solo se veían ridículos, sino que todavía me pican las piernas. Sinceramente, no puedo culpar a mis amigos por haberse reído de mí. Estoy muy seguro de que hasta Jesús se rió. Uno de mis momentos más embarazosos en el ministerio se produjo varios años después de haber comenzado la fundación de nuestra iglesia. Invité a un conjunto a presentarle un concierto a la National Community Church. En aquellos momentos éramos una iglesia de unas cien personas, y le dije al conjunto que llegarían cien. Todavía estaba en la etapa ingenua del liderazgo. Cinco minutos antes del concierto, los siete miembros del conjunto estaban sentados en el camerino, esperando a un centenar de personas, y yo sabía que en el salón solamente había cuatro. ¡Nunca he deseado tanto que se produjera el Arrebatamiento! Oraba repitiendo Apocalipsis 22:20: «¡Ven, Señor Jesús!» Lo que siguió fue uno de los sucesos más incómodos en los que he participado. En el conjunto había más personas que en el público. En parte, me preguntaba si no deberíamos cambiar de lugares. ¡Darle el salón al conjunto para que tuviera más espacio, y pasar a los asistentes a la plataforma! Para colmo de males, una de las cuatro personas que había en el salón, y que danzaba peor que yo, no quería dejar de danzar. Lo hacía tan mal, que estoy bastante seguro de que era prácticamente pecaminoso.

ESCENA IV: Mi álterego

¿Mi momento embarazoso más reciente? Mira: no tiene nada de divertido recibir una llamada telefónica a la una de la tarde para preguntarte por qué no estás en la boda en la que se supone que debes oficiar, y que habría debido comenzar al mediodía. Se me había olvidado por completo. Estaba en el centro comercial, en un vestidor, probándome una ropa. Tuve que irme para la casa, darme una ducha, ponerme un traje y conducir durante tres cuartos de hora a través de una tormenta de nieve para llegar al lugar. Por fin llegué a las tres en punto. Mi ego nunca se presentó.

Sin duda, esos momentos embarazosos son horribles. Pero también son maravillosos. Hay pocas cosas tan liberadoras como el hecho de pasar un poco de vergüenza. Nos libera de la carga del fingimiento, y nos obliga a dejar de tomarnos tan en serio a nosotros mismos. En cierto sentido, las situaciones embarazosas son una forma de morir a nosotros mismos. Y morir a sí mismo es una manera de llegar a la vida.

Las palabras *humor, humillación* y *humildad* tienen todas entre sí una relación etimológica. De hecho, *humor* es un derivado de *humillación*. Una de las dimensiones de la humildad es la capacidad para reírnos de nosotros mismos, y estoy convencido de que las personas más felices, saludables y santas del planeta son las que más se ríen de sí mismas.

Son demasiadas las personas que viven como si la razón de ser de la vida fuera evitar a toda costa la vergüenza. Nunca se ponen en situaciones que se puedan volver incómodas. Así es como renuncian al gozo. Nunca se revelan tal como son en realidad. Así es como renuncian a la intimidad. Nunca corren riesgos. Así es como renuncian a las oportunidades. Tratan de evitar las situaciones embarazosas a toda costa, y el precio que tienen que pagar es su propia alma. O tal vez debería decir, la huella que hay en su alma.

113

No te estoy sugiriendo que salgas a buscarte una vergüenza haciendo algo estúpido. Y por supuesto, no estoy favoreciendo las situaciones embarazosas que sean producto secundario de los despistes sociales. Pero con demasiada frecuencia permitimos que el miedo a quedar avergonzados interfiera entre nosotros y Dios. Estamos demasiado avergonzados para compartir nuestra fe con otros, o para enfrentarnos a un amigo con la verdad, o para apartarnos de una situación de pecado. Pero si esa situación embarazosa es el resultado de que hayamos hecho algo correcto, se trata de una vergüenza santa. Y hay ciertas situaciones en las cuales las situaciones embarazosas son la única manera de mantenernos fieles a Dios y a nosotros mismos. Tenemos que escoger entre la vergüenza y la hipocresía, la vergüenza y el pecado, la vergüenza y la obediencia. En esas situaciones, no debemos evitar el pasar una vergüenza. De hecho, si seguimos el ejemplo sentado por David, se trata de algo que debemos cultivar y celebrar.

Y me rebajaré más todavía, hasta humillarme completamente.

—2 SAMUEL 6:22

Pompa y circunstancia

Permíteme describirte la escena.

Era el momento supremo de David. Había derrotado a los filisteos. Había capturado la fortaleza de Sion. Había sido ungido como rey de Israel. Y ahora llevaba el arca del pacto a Jerusalén. Había electricidad en el ambiente, y éxtasis en las expectativas. Piensa en el desfile de confeti que se celebró en la ciudad de Nueva York el 14 de agosto de 1945, el Día V–J (V–J: Victoria sobre el Japón, n. del t.).

Los consejeros habían hecho un guión con todo lo que se debía hacer; con todos los movimientos. El Servicio Secreto tenía controladas todas las intersecciones. Estaba marcada la ruta del desfile, y las multitudes estaban bajo control. Todo iba saliendo de acuerdo a lo planificado, y entonces, David tiró el plan por la ventana. Nadie lo vio venir. De hecho, nadie quería que sucediera, y punto. David comenzó a despojarse de sus vestiduras, y no se trataba de que su ropero hubiera funcionado mal. Las madres no sabían si les debían tapar los ojos a sus hijos. Su personal no sabía si lo debía detener. Y un rubor colectivo se apoderó de toda la multitud. El rey de Israel se había quedado con un taparrabos de lino únicamente. Y entonces, Su Majestad comenzó a danzar como un niño pequeño que no tiene una sola preocupación en todo el mundo. Sin inhibiciones. Es gozo puro. Es como si todo el dolor que David había soportado mientras estaba escondido en aquellos lugares desiertos —toda la ira, la angustia y la frustración— se convirtieran en aquella danza catártica. Es como si la santa adrenalina de todas las victorias que había obtenido en el campo de batalla fuera canalizada hasta un puño cerrado para celebrar al Señor. Sus gestos eran extraños, pero extrañamente auténticos. Nadie estaba seguro de lo que debía pensar. Y esto incluye a Mical, la mujer de David.

Sucedió que, al entrar el arca del Señor a la Ciudad de David, Mical hija de Saúl se asomó a la ventana; y cuando vio que el rey David estaba saltando y bailando delante del Señor, sintió por él un profundo desprecio.

—2 Samuel 6:16

No quisiera mandarte la lluvia a tu desfile, pero te quiero hacer una advertencia. Cuando te emociones con respecto a Dios, no esperes que todo el mundo se emocione porque tú estás emocionado. ¿Por qué? Porque tu intensidad se enfrenta a su pasividad. Cuando tú te cedes por completo a Dios, esto produce convicción en los que no están consagrados, porque irrumpe en su statu quo. Algunas personas se sentirán inspiradas por lo que Dios está haciendo en tu vida, pero habrá otras que cubrirán su convicción con la máscara de la crítica. Al fin y al cabo, nos es mucho más fácil criticar a los demás que cambiar nosotros. Nueve de cada diez veces, la crítica es un mecanismo de defensa usado por los egos frágiles. Criticamos en los demás lo que no nos gusta con respecto a nosotros mismos. Y parte de la huella que hay en nuestra alma muere durante este proceso.

> Es mucho más fácil criticar a los demás que cambiar nosotros.

Mical no se limitó a criticar a David. Destilaba sarcasmo.

Cuando David volvió para bendecir a su familia, Mical, la hija de Saúl, le salió al encuentro y le reprochó:

—¡Qué distinguido se ha visto hoy el rey de Israel, desnudándose como un cualquiera en presencia de las esclavas de sus oficiales!

David le respondió:

—Lo hice en presencia del SEÑOR, quien en vez de escoger a tu padre o a cualquier otro de su familia, me escogió a mí y me hizo gobernante de Israel, que es el pueblo del SEÑOR. De modo que seguiré bailando en presencia del SEÑOR, y me rebajaré más todavía, hasta humillarme completamente. Sin embargo, esas mismas esclavas de quienes hablas me rendirán honores.

—2 SAMUEL 6:20–22

David era el rey recién coronado de Israel, y esta era su entrada triunfal en su nueva capital. Aquello tenía toda la pompa y circunstancia de un Día de Subida al Trono. Y lo que significa esto es que había una presión mayor aún para que se comportara como un rey. Tenía una reputación que proteger. Tenía una corona que representar. Si alguna vez habría un momento en el cual David se sintiera tentado a actuar como un rey, ese era este momento. Los reyes no se quitan la ropa para seguir el ritmo de la música. Y nadie lo sabía mejor que Mical. Al fin y al cabo, era hija del rey Saúl. Era una princesa que había crecido en palacio. Conocía el protocolo. Y aquello *no era* parte del protocolo. Pero a David no le importaba en absoluto. Lo único que le importaba era asegurarse de que se celebrara a Dios como se le podía y debía celebrar, aunque eso significara que él pasara vergüenza al hacerlo.

Es mucho más fácil criticar a los demás que cambiar nosotros.

Las vestiduras reales

En esta escena hay una poderosa trama secundaria, y es una de las claves para descubrir la huella que llevas en el alma. Las vestiduras reales representan la identidad y la seguridad de David como rey de Israel. Como el cuello clerical de un sacerdote, o el uniforme de un oficial, o la placa de un policía, las vestiduras reales representaban la autoridad de David. Esas vestiduras reales servían también como símbolo de su posición social.

Por favor, no te pierdas ni minimices tampoco la importancia de lo que hizo David. Él no encontraba su identidad ni su seguridad en su realeza. Encontraba su identidad y su seguridad verdaderas en el hecho de ser un adorador del Dios Todopoderoso. El hecho de despojarse de sus vestiduras simboliza su humildad desnuda ante Dios. Despojarse de ellas simbolizaba que tenía una dependencia de Dios que estaba totalmente despojada de todo lo demás. David no encontraba su identidad y su seguridad en el hecho de ser rey. Las encontraba en el Rey de reyes.

Descubrir la huella de tu alma significa hallar tu identidad y seguridad solamente en Cristo. Él se convierte en tu identidad.

El descubrimiento de la huella que hay en tu alma siempre comprende el despojarte de tus vestiduras. Es necesario que quedes despojado de las cosas en las cuales encuentras tu identidad. Tienes que dejar ir las cosas que constituyen tu seguridad. Y te vas a sentir como si te estuvieras perdiendo a ti mismo en medio de este proceso. Pero solo al perderte a ti mismo, te encontrarás realmente.

Por eso, permíteme que te haga una pregunta: ¿cuáles son tus «vestiduras reales»? ¿Hay alguna cosa en la cual tú encuentres tu identidad o tu seguridad, y que sea ajeno a tu relación con Cristo? ¿Se basa tu identidad en quién eres, o en *a quién le perteneces*? ¿Se basa tu identidad en lo que tú puedes hacer por Cristo, o se basa en lo que Cristo ya ha hecho por ti? ¿Encuentras tu seguridad en las cosas que tienes, o la encuentras únicamente en el sello que el Espíritu Santo puso en ti cuando te sometiste al señorío de Cristo? Descubrir la huella de tu alma significa hallar tu identidad y seguridad solamente en Cristo. Él se convierte en tu identidad. Se convierte en tu seguridad. Nada más y nada menos. Y la Cruz se convierte en el único símbolo de tu posición social.

Despojarse de las vestiduras significa morir a sí mismo, y esto comienza cuando identificamos aquellas cosas en las que hallamos nuestra identidad y nuestra seguridad, pero que son ajenas a una relación con Cristo. Ahora viene la parte complicada: muchas veces, ese ídolo es algo que Dios mismo nos ha dado. Al fin y al cabo, es Dios el que ungió a David como rey de Israel, así que sus vestiduras reales se las había regalado Dios. Y él nos da dones también a cada uno de nosotros. Pero si nos descuidamos, el don se puede volver más importante que Aquel que nos lo dio. Entonces es cuando nuestro don se convierte en nuestro ídolo. Entonces es cuando la bendición se convierte en una maldición. ¿Por qué? Porque hallamos nuestra identidad y nuestra seguridad en el don, y no en el Dador.

Sé tú mismo

Tengo un amigo que pastoreó una próspera iglesia durante muchos años. Después renunció. Cuando le pregunté la razón, me dijo: «No podía ser yo mismo». Eso es trágico. Si hay algún lugar en el cual deberíamos poder ser nosotros mismos, ese lugar es la iglesia. La iglesia debería ser el lugar donde pudiéramos confesar nuestras dudas más profundas, nuestros peores pecados y nuestros sueños más fantasiosos. Debería ser un lugar donde pudiéramos revelar quiénes somos en realidad: lo bueno, lo malo y lo feo. Lamentablemente, es frecuente que la iglesia sea un lugar donde actuamos como si todo marchara perfectamente bien, aunque no sea así. Y esa falta de autenticidad obliga a todo el mundo a esconderse detrás de sus vestiduras reales. Pero, ¿qué tal si fuera un lugar donde la gente tuviera la valentía de despojarse de esas vestiduras?

Cuando yo comencé en el ministerio, estaba tratando de tener el aspecto de pastor, actuar como pastor y ser pastor. Ahora estoy tratando de ser yo mismo. Y la diferencia es muy grande. Antes estaba más preocupado por la autoridad que por la autenticidad. Desde entonces, he experimentado un cambio de paradigmas. La autoridad verdadera es una derivación de la autenticidad. Una de mis metas como predicador es revelar lo humano que soy. Trato de compartir mis debilidades y mis fracasos, porque me parece que esto hace ver de mayor tamaño la bondad y la grandeza de Dios. Y he descubierto que la autenticidad no socava la autoridad. Mientras más auténtico soy, más autoridad tengo.

Como pastor de una iglesia formada mayormente por personas de veintitantos años, estoy cada vez más convencido de que la próxima generación lo que anda buscando es eso: la autenticidad. Ellos no esperan perfección, pero sí esperan autenticidad. Y si un líder tiene la valentía de despojarse de sus vestiduras reales como David, se está fomentando una cultura de autenticidad. Si los líderes son transparentes, se crea una cultura de vulnerabilidad. Si los líderes no son transparentes, se crea una cultura de ocultamiento. El enemigo quiere que nos guardemos nuestros secretos, porque así es como nos mantiene encerrados en una celda solitaria. Pero si tenemos la valentía de confesar, descubriremos que la mayor de las libertades consiste en no tener nada que esconder. El temor a que nos descubran es mucho peor que la vergüenza que sentimos cuando confesamos nuestros pecados. De hecho, esa vergüenza es reemplazada muy pronto por una sensación de alivio.

Hace algunos años, uno de mis héroes espirituales confesó un pecado que dejó pasmada a su congregación. Al principio me sentí desilusionado. No lo quería ver despojado de sus vestiduras. Pero al final, mi respeto por él se hizo más fuerte y más profundo debido a la forma en que manejó su error. Lo reconoció como suyo. Lo confesó. Y uno de los productos secundarios de ese pecado es que me sentí más cercano a él, sencillamente porque se volvió más vulnerable. Mi respeto también se volvió más profundo, porque lo manejó todo con gracia; con la gracia de Dios.

David no se escondió tras sus vestiduras reales. Se reveló literalmente a sí mismo. No estaba tratando de ser rey. Estaba tratando de ser él mismo. Y no hay ninguna otra cosa para la cual se necesite más valentía. Hay un viejo adagio que dice: «Si eres el que no eres, entonces no eres quien eres». Despojarnos de nuestras vestiduras es tener la valentía de revelar quiénes somos, y quiénes no somos. Cuando tratamos de serlo todo para toda la gente, estamos tratando de ser Dios. Tenemos un complejo de Mesías. Y si tratamos de serlo todo para toda la gente, terminaremos no siendo nada para nadie. Al final del día, prefiero que me odien por ser quien soy, a que me amen por lo que no soy.

> Al final del día, prefiero que me odien por ser quien soy, a que me amen por lo que no soy.

El álter ego

Unos años atrás, iba caminando de la oficina a mi casa, cuando una amistosa vecina me dijo: «Hola, David». Yo no sé por qué, pero me limité a responderle «¡Hola!» y seguí caminando. Por algún motivo, no la corregí diciéndole que en realidad me llamo Mark. Aquella misma semana, se volvió a reproducir el mismo escenario. Y de nuevo, no tuve corazón para corregirla. Por abreviar la historia, te diré que me estuvo llamando David durante varios años. Al principio, aquello era más bien divertido y gracioso. David era mi álter ego. Algunas veces pasaba junto a ella acompañado por amigos, ella me llamaba David, y nosotros nos reíamos. Entonces, un día comencé a sentirme nervioso: *¿y si va a la iglesia y descubre quién soy en realidad?* Y la diversión fue reemplazada por la carga de saber que estaba fingiendo lo que no era. Pero seguí fingiendo. Al fin y al cabo, cuando alguien te ha llamado con un nombre que no es el tuyo centenares de veces sin que lo hayas corregido, no se te hace fácil decirle: «Ah, y de paso, ese no es mi verdadero nombre».

Por fin llegó el día de la verdad. Un día, iba de camino a casa, cuando la vecina que me llamaba David estaba con otras vecinas que sí conocían mi verdadero nombre. Yo sentí el impulso de dar media vuelta o de pasarme a la acera de en frente, pero seguí adelante. En mi cabeza escuchaba las notas de una marcha fúnebre. Cuando me iba acercando, sabía que iba a pasar una de estas dos cosas: o bien las otras vecinas me iban a decir «¡Hola, Mark!», y ella les iba a lanzar una mirada extraña, o bien ella me iba a decir «¡Hola, David!», y entonces iban a ser ellas las que la iban a mirar extrañadas. De cualquiera de las dos formas, todas me iban a dar *a mí* una mirada llena de extrañeza. No podía salir airoso de ninguna de las dos maneras. Que conste que esa fue la última vez que ella me llamó David. De hecho, creo que fue la última vez que me saludó.

Eso es precisamente lo que sucede cuando tratamos de ser quienes no somos: no podemos salir airosos de esa situación. Al principio es divertido tener álter ego. Pero la carga producida por el fingimiento va creciendo, hasta que ya no podemos seguir siendo nosotros mismos. No podemos bajar la guardia. No nos podemos relajar en cuanto a nuestra imagen. Y quedamos atrapados en la mentira. Nos convertimos en esa mentira.

La vida de muchas personas gira alrededor de la protección y la promoción de su álter ego. Ya sea en el hogar, o en la oficina o en la iglesia, su álter ego es el que actúa. Fingen que todo anda bien, aunque se estén muriendo por dentro. Siempre están tratando de impresionar a la gente; incluso a la gente que les cae mal. Y tienen miedo a revelar sus dudas, sus sueños o sus desilusiones, porque eso pondría en peligro su álter ego, que supuestamente se halla por encima de todo reproche.

Hace falta tener una gran valentía para despojarse de esas vestiduras. De hecho, es posible que sea la forma más escasa de valentía. Lo mismo que pasó con Adán y Eva, nuestro instinto ancestral consiste en cubrir nuestra desnudez con hojas de parra. La desnudez es embarazosa. Por eso es tan escasa la desnudez emocional. Y la desnudez espiritual es más escasa aun. Sin embargo, ¿no es eso lo que anhelamos en secreto? Y eso es lo que nos ofrece la gracia de Dios. Su expiación nos cubre con la gracia, para que no tengamos que cubrirnos nosotros mismos con hojas de parra. En palabras de A. W. Tozer en *La búsqueda de Dios*: «El descanso que [Dios] ofrece es el descanso de la mansedumbre, el bienaventurado alivio que nos viene cuando nos aceptamos a nosotros mismos tal y como somos, y dejamos de fingir».

Una de las razones por las que nos encantan los Salmos, es que en ellos David se despoja de sus vestiduras. Son poesía desnuda. David pone al descubierto sus dudas. Se desnuda hasta sus emociones en carne viva: la ira, la lujuria, el orgullo. En los Salmos no hay fingimiento. Y eso es lo que nosotros debemos luchar por conseguir.

Los problemas de identidad

Ahora, permíteme perforar un poco más hondo.

La forma en que tú te veas estará determinada por aquello en lo que fundamentes tu identidad. Y tienes una gran cantidad de cosas donde escoger. Puedes fundamentar tu identidad solamente en tu aspecto externo o en las personas que conoces. La puedes fundamentar en lo que haces, o la cantidad que ganas por hacerlo. La puedes fundamentar en tus títulos y diplomas. Hasta la puedes fundamentar en cómo te vistes o el tipo de vehículo que conduces. Hay un millón de factores que forman ese compuesto que es el concepto que tenemos de nosotros mismos, pero todos nosotros fundamentamos nuestra identidad en algo. Y aquello en lo que fundamentemos nuestra identidad nos formará o nos destrozará espiritualmente.

Permite que comparta contigo una teoría. Al principio te parecerá que va contra toda intuición, pero me parece que es cierta. *Mientras más cosas te vayan bien, más grande será tu potencial para tener problemas de identidad.* ¿Por qué? Porque te es más fácil fundamentar tu identidad en las cosas que no son correctas. Es más bien irónico, pero las mayores bendiciones se pueden convertir en las mayores maldiciones, sencillamente porque socavan nuestra confianza en Dios y se convierten en una fuente de orgullo. En lugar de apoyarte en la gracia de Dios, te apoyas en tu brillante mente o en tu encantadora personalidad, o en tu buen aspecto externo. En lugar de vivir de acuerdo con el lema de «En Dios confiamos», confiamos en el billete de dólar en el cual está escrito ese lema. No me malentiendas: el dinero, la inteligencia, el encanto personal y todas las demás cosas no tienen nada de malas. Son dones de Dios. Pero si no alabas a Dios por ellas, se convierten para ti en una fuente de orgullo. El orgullo no es otra cosa que el hecho de no alabar al que debemos alabar. Y la falta de alabanza siempre hace surgir el orgullo.

> La forma en que tú te veas estará determinada por aquello en lo que fundamentes tu identidad.

Mucho antes de la caída de Adán y Eva, se produjo la caída de Lucifer. Es una de las referencias más antiguas de todas las Escrituras, pero sigue siendo nuestro problema hoy, en esta época postmoderna.

A causa de tu hermosura
te llenaste de orgullo.
A causa de tu esplendor,
corrompiste tu sabiduría.

—EZEQUIEL 28:17

124

¿Quién hizo hermoso y sabio a Lucifer? Dios fue. Por eso, su hermosura y sabiduría habrían debido ser para él un catalizador para que adorara al Creador. Sin embargo, en lugar de adorar a Dios, Lucifer quiso que lo adoraran a él. Ese es el pecado original. Todos los sufrimientos, todas las perversidades, todos los quebrantos, todas las angustias son los efectos posteriores de una reacción en cadena que se remonta hasta los tiempos antes de los tiempos, al momento en que Lucifer se rebeló.

> El Creador te ha diseñado para la adoración. ... adoras a Dios, con una *D* mayúscula, o adoras a un dios, con una *d* minúscula.

El Creador te ha diseñado para la adoración. De hecho, te es imposible no adorar. La cuestión no está en si vas a adorar o no. Todos nosotros adoramos todo el tiempo. La cuestión está en quién es el que vamos a adorar. Y solo tienes dos opciones: o adoras a Dios, con una *D* mayúscula, o adoras a un dios, con una *d* minúscula. Y si decides adorar el dios que eres tú, te convertirás en un decepcionante diosecito para ti mismo y para todos los que te adoren. En última instancia, todos los problemas de identidad son en realidad problemas de adoración. Los problemas de identidad son consecuencia del hecho de adorar lo que no merece nuestra adoración.

David tuvo que escoger al entrar a Jerusalén. Podía absorber la adoración del pueblo hebreo y permitir que se le adorara como el nuevo rey ungido, o podía hacer que su alabanza se apartara de él, quitándose sus vestiduras reales. Despojarse de ellas fue la forma en que David quiso decir: «Permítanme mostrarles quién soy yo en realidad». Fue su manera de demostrarle al pueblo que él era igual a todos los demás.

Un castillo de naipes

Es muy fácil basar nuestra identidad en las cosas incorrectas. Y si lo haces, estarás construyendo un castillo de naipes. O por usar el lenguaje de la Biblia, estarás construyendo tu casa sobre la arena, y como dijo Jesús, te estás fabricando un gran desplomamiento (Lee Mateo 7:27). Ese desplomamiento recibe unos cuantos nombres diferentes. Si tienes veintitantos años, se llama crisis de la cuarta parte de la vida. Si te estás acercando al medio tiempo, se llama crisis meridiana. Y aunque no se le preste demasiada atención, me parece que existe una crisis del último cuarto alrededor del tiempo en que uno se jubila. He aquí lo que sucede en cada crisis: fundamentas tu identidad en la escuela, y después te gradúas. Fundamentas tu identidad en tu trabajo, y después te jubilas. Fundamentas tu identidad en el matrimonio, y después te divorcias. Todas esas cosas —escuela, trabajo y matrimonio— son cosas buenas. Sin embargo, son unos cimientos muy pobres sobre los cuales fundamentar tu identidad. No podrás encontrar seguridad en ellos.

Cuando yo era solo un jovencito, mi vida giraba alrededor del baloncesto. Jugaba dos horas todos los días, y llegué a ser bastante buen jugador. De hecho, estuve en un primer equipo de una liga nacional en Estados Unidos. Lamentablemente, no era la NCAA [National Collegiate Athletic Association, «Asociación Nacional de Atletismo Colegial»]. Era la NCCAA. La otra *C* va por «cristiana» [National Christian Collegiate Athletic Association, «Asociación Nacional de Atletismo Colegial Cristiano»]. El baloncesto ocupaba una gran parte de mi identidad, pero la dura realidad es que la NBA [National Basketball Association, «Asociación Nacional de Baloncesto»] no hace mucho reclutamiento en los colegios bíblicos pequeños. Yo esperaba junto al teléfono en el día en que reclutaban, pero deben haber marcado un número equivocado.

Cuando terminó mi carrera en el baloncesto, murió una parte de mí: la parte que fundamentaba mi identidad en el baloncesto. Y eso es lo que sucede cada vez que pasamos por grandes cambios en la vida. Cuando se mueve el fundamento de nuestra identidad —el lugar donde nos sentimos seguros—, nos vamos al suelo. Por eso es normal que sintamos una mezcla de tristeza y de gozo en el día de nuestra graduación, o en el de nuestra boda, o en el de nuestra mudanza, o en el de nuestra jubilación. Estamos comenzando un nuevo capítulo en la vida, lo cual es emocionante, pero en eso que ganamos también va incluida una pérdida. Cuando te gradúas en la escuela, muere el estudiante. Cuando cumples veinte años, muere el adolescente. Cuando te casas, muere el soltero. Cuando te jubilas, muere el profesional. Ese es el lado negativo. Aquí tienes el positivo: si fundamentas en Cristo tu identidad, evitarás todas esas crisis. Tu seguridad tendrá su fundamento en el firme amor del Señor, que nunca cesa. Tu identidad estará fundada en Aquel que es el mismo ayer, y hoy y por siempre. Jesús se convierte en tu piedra angular.

> A Dios lo que menos le importa es el protocolo. Si le importara, Jesús habría escogido fariseos como discípulos.

Unas medidas desesperadas

A Dios lo que menos le importa es el protocolo. Si le importara, Jesús habría escogido fariseos como discípulos. Dios está buscando a los que están tan desesperados por encontrarlo a él, que están dispuestos a llegar a extremos ridículos para adorarlo. Observa cuáles eran las personas a las que Jesús celebró en los evangelios: unos pescadores que dejaron sus redes para seguirlo, una ramera que echa a perder una fiesta en la casa de un fariseo, un discípulo que salta de un bote y nada hasta la orilla cuando ve a Jesús, cuatro amigos que inventan un traslado aéreo a la antigua y logran poner a su amigo paralítico frente a Jesús de la manera menos convencional, y un distinguido recaudador de impuestos con traje de tres piezas que se sube a un sicómoro, solo para poder ver a Jesús. Eso es lo que Jesús celebró.

La religión está repleta de protocolos. Seguir a Jesús, de lo que está repleto es de desesperación. Todo se relaciona con un Dios desesperado por tenernos a nosotros, y un pueblo desesperado por tenerlo a él. Es una desesperación dispuesta a ayunar durante cuarenta días. Es una desesperación dispuesta a entregarles todo a los pobres. Es una desesperación dispuesta a orar durante toda la noche. Es una desesperación dispuesta a soportar la crucifixión para lograr la reconciliación.

Las personas desesperadas toman medidas también desesperadas. ¿Acaso no fue eso lo que hizo David cuando se despojó de sus vestiduras reales? David se sentía abrumado. ¿No lo estarías tú? Las esperanzas y los sueños de toda una nación descansaban sobre sus hombros. Imagínate la presión. David necesitaba a Dios. No; David estaba *desesperado* por encontrar a Dios. Y esa desesperación lo llevó a desvestirse.

Yo crecí en una tradición de iglesia en la cual se llamaba a las personas al altar para orar si tenían una necesidad, y casi siempre era una experiencia un tanto incómoda. Yo siempre sentía como si la gente se estuviera preguntando qué me iba tan mal mientras caminaba hasta el altar. Al fin y al cabo, hacerlo es reconocer culpa, necesidad o duda. Y es incómodo reconocer cualquiera de esas cosas. Pero algunos de los adelantos espirituales más grandes de mi vida se han producido en el altar, y yo creo que en parte, la razón por la cual Dios usaba esos momentos de altar, era precisamente por lo incómodos que eran. Nunca quiero llegar en mi vida a un punto en el cual no esté dispuesto a parecer, sentirme o actuar con incomodidad. Me parece que esa incomodidad es un catalizador del crecimiento espiritual. ¿Estás dispuesto a hacer cosas que te parezcan incómodas, como arrodillarte en un altar, u obedecer un impulso loco del Espíritu Santo, o tener una fuerte conversación con un buen amigo? ¡Si estás dispuesto, entonces Dios te va a poder usar!

No hace mucho, hablé en una reunión nacional de pastores. Fue un honor especial, porque es la confraternidad cuyas credenciales poseo. Aquella noche estaba predicando nuestro superintendente general, y nos invitó al altar. Me imagino que en aquel lugar habría unas diez mil personas. Y en parte, lo que yo quería era quedarme donde estaba. Al fin y al cabo, yo era uno de los oradores de la reunión. Entonces sentí que el Espíritu Santo me indicaba que me moviera, y supe que le tenía que obedecer. Mientras más te usa Dios, más fácil te es pensar que estás por encima, o más allá de tener que meterte en situaciones incómodas. Pero si pierdes tu dependencia total de Dios, pierdes su poder, y solo te queda el tuyo propio. Fui al frente aquella noche, y busqué al pastor más anciano que pude hallar. Anhelo que oren por mí las personas que llevan largo tiempo hablando con Jesús. No estoy seguro de qué fue lo que cayó sobre mí, pero comencé a llorar cuando él comenzó a orar. Me sentía muy incómodo. Sin embargo, así fue como supe que había actuado correctamente.

En mi vida y mi ministerio me encuentro en una situación en la que tengo ansias de pasar por incomodidades. Quiero parecer incómodo. Me quiero sentir incómodo. ¿Por qué? Porque eso significa que no me estoy conformando con lo que es cómodo, lo que es aceptable. No evitemos las incomodidades. Creémoslas, cultivémoslas y celebrémoslas.

Hace poco le dije a nuestro equipo de la National Community Church (NCC) que necesitamos comenzar a hacer más cosas que hagan sentir incómoda a la gente. Sé que esto no suena sensible ante los que andan buscando, así que me voy a explicar. La comodidad impide el crecimiento espiritual. Nuestros intentos por crear ambientes cómodos suele producir discípulos inmaduros. Mi trabajo no consiste solamente en consolar a los afligidos.

La comodidad impide el crecimiento espiritual.

Mi trabajo consiste también en afligir a los cómodos. No me malinterpretes: nuestra meta como iglesia es echar abajo todas las barreras sociológicas que puedan impedir que las personas analicen todo lo que Cristo proclama ser. Si alguien se va a ofender, yo quiero que sea la Cruz la que lo ofenda. Me temo que ni siquiera le estemos dando a la gente la oportunidad de ofenderse ante la Cruz, porque nosotros los ofendemos antes que lleguen a ella. Por eso, en la NCC trabajamos fuerte para crear unos ambientes que eliminen esas barreras de tipo sociológico. Queremos que la gente se pueda sentar en la sombra de nuestras dependencias en los cines para investigar el evangelio. Pero al final, tendrán que salir de esa sombra hacia la luz. En nuestros esfuerzos por crear unos cultos cómodos, le hacemos a la gente un mal servicio. Los adelantos se producen como consecuencia de las incomodidades.

¿Alguna vez te has sentido movido por el Espíritu Santo a decir algo o hacer algo que parezca poco seguro? ¿Alguna vez has luchado con la convicción del Espíritu Santo? ¿Te ha convencido el Espíritu de Dios alguna vez para que hicieras algo que parecía loco? El denominador común siempre es la incomodidad. Cuando hacemos la voluntad de Dios, esta suele venir siempre acompañada por sentimientos de incomodidad, de desasosiego y de falta de preparación. No solo vas a sentir que estás loco. Es probable que también les parezcas loco a aquellos que no han oído lo que Dios te ha dicho, o sientes que Dios ha concebido en ti. ¿Acaso no era ese el aspecto que tenía David en aquel día? Su esposa pensaba que había perdido su dignidad. Su personal pensaba que se había vuelto loco. Pero entonces es cuando necesitas tragarte tu orgullo. Si no lo haces, tu corazón se va a endurecer y tu alma va a sufrir. Si lo haces, ese pequeño paso se convertirá en un salto gigante que irá dirigido hacia tu destino.

Los milagros incómodos

Hace unos pocos meses, terminamos un culto con un llamado al altar. Y fue algo incómodo. Pedimos que las personas que necesitaran un milagro pasaran al frente del cine, y todo el mundo se quedó en su asiento. Esa falta de respuesta es especialmente incómoda cuando uno es el que se halla al frente, esperando para orar por la gente. Entonces, como es típico que suceda, una persona fue lo suficientemente valiente como para pasar al frente, y una gran cantidad de personas más siguieron los pasos de aquella valiente persona.

Si alguien se va a ofender, yo quiero que sea la Cruz la que lo ofenda.

A mí me tocó orar con una mujer llamada Renée, que dirige una organización misionera. Le pregunté qué milagro necesitaba, y me habló de un orfanato que su organización estaba tratando de abrir en el Congo. Albergaría a sesenta niños. Pero necesitaban quince mil dólares para abrir sus puertas. Yo me sentí impulsado, no solo a orar por ella, sino a recoger una ofrenda espontánea. En aquel solo local dieron más de cinco mil dólares aquel día, y cuando yo relaté la historia a la semana siguiente, otro local de la NCC dio más de diez mil dólares. En dos semanas, recogimos más de diecisiete mil dólares y les dimos a sesenta niños un techo encima de su cabeza, y una almohada debajo de ella. Pero he aquí lo que quiero que veas: el milagro no habría sucedido si Renée se hubiera quedado en su asiento. Nosotros no habríamos hecho nada para ayudarla con aquella necesidad, porque no habríamos sabido nada acerca de ella. Pero el hecho de que Renée estuviera dispuesta a ponerse en una situación incómoda se convirtió en un milagro para aquellos sesenta niños del Congo.

Nunca olvidaré lo que me dijo Renée cuando salía de la iglesia: «Usted no tiene idea de lo difícil que me fue pasar al frente». Yo le dije que sabía exactamente lo difícil que es, porque yo también lo he hecho; también he estado en esa situación. Es incómodo. Sin embargo, esa incomodidad es lo único que se interpone entre tu milagro y tú. Y una vez que experimentes el milagro, vas a tener ansias de esa incomodidad. La abrazarás por lo que es: una santa vergüenza. Y esos momentos incómodos son los que se convierten en momentos decisivos; momentos milagrosos.

La única cosa que se interpone entre tu destino y tú es la incomodidad. ¿Estás listo para abrazarla? Despójate de tus vestiduras reales, pierde tu álter ego y entra caminando en tu destino a base de arriesgarte a ponerte en una situación embarazosa. Y una cosa más: ¡no te olvides de reírte de ti mismo mientras caminas!

El taller del diablo

Aconteció al año siguiente, en el tiempo que salen los reyes a la guerra, que David envió a Joab, y con él a sus siervos y a todo Israel [...] pero David se quedó en Jerusalén.

— 2 Samuel 11:1

L a Ventana de Johari es una matriz fascinante para el estudio de la personalidad humana. Yo vi a través de esa ventana por vez primera cuando estaba estudiando un curso universitario de psicología. Como una ventana con cuatro paneles, tiene cuatro cuadrantes, y cada uno de ellos revela una de las cuatro dimensiones de la identidad de una persona. Según uno va mirando a través de los distintos paneles, se le va llevando a nuevos lugares en la labor de descubrirse a sí mismo. Mirar a través de la ventana de Johari es como ver la huella que hay en tu alma, pero desde cuatro ángulos diferentes.

El primer panel, el cuadrante abierto, consiste en esas cosas que *tú sabes acerca de ti mismo, y los demás las saben también.* Aquí es donde te encuentras cuando todo el mundo te está mirando. Es tu personalidad pública. Es lo que todos ven y saben acerca de ti, pero solo es la punta del témpano de hielo de identidad.

El siguiente panel de la ventana, el cuadrante oculto, contiene aquellas cosas que *tú sabes acerca de ti mismo,* pero *los demás las desconocen.* Aquí es donde estás cuando nadie te está mirando. Es quien eres después que vas más allá de las superficialidades de cortesía. Detrás de la fachada están las desilusiones profundas que nunca has resuelto, los sueños escondidos que nunca has expresado con palabras, y los pecados secretos a los que nunca te has enfrentado. Esta es la persona que tú sabes que eres, para bien o para mal, pero que algunas veces tienes miedo de revelar.

El tercer panel de la ventana, el cuadrante ciego, está formado por esas cosas que *los demás saben acerca de ti,* pero *tú no sabes acerca de ti mismo.* Esto es lo que los demás ven en ti, pero tú no puedes ver en tu persona. Aquí es donde necesitas en tu vida unos profetas que vean en ti el potencial que no puedes ver por ti mismo. También es aquí donde necesitas verdaderos amigos que tengan el valor de enfrentarse a aquellas cosas que hay en ti que necesitan un cambio. Si no hay nadie que tenga tu autorización para hablarte abierta y sinceramente a tu vida, tus puntos ciegos nunca serán revelados.

El cuarto y último panel de la ventana es el cuadrante desconocido, y está compuesto por aquellas cosas que *tú no sabes acerca de ti mismo, y los demás tampoco saben acerca de ti.* Este cuadrante de la huella que hay en tu alma —tu verdadera identidad ante Dios— está formado por las cosas que son invisibles para todos, menos para Aquel que lo ve todo. Y aquí es donde el Espíritu Santo desempeña un papel tan vital en tu vida. Mientras no te veas a través de sus ojos, nunca tendrás la visión sobre la persona que puedes llegar a ser. La clave del descubrimiento de sí mismo consiste en permitirle al que te formó dentro del vientre de tu madre que te revele esas cosas que no sabes ni puedes llegar a saber acerca de ti mismo si no recibes una revelación suya. Dios te conoce mejor de lo que tú te conoces a ti mismo, porque fue él quien te diseñó, de manera que si quieres llegar a conocerte, tienes que comenzar por conocer a Dios. En palabras de C. S. Lewis en *Mero cristianismo*: «Tu nuevo y verdadero yo... no vendrá mientras lo estés buscando. Vendrá cuando lo estés buscando a él [a Dios]».

> Si te quieres encontrar a ti mismo, tienes que buscar a Dios. Ignorar a Dios es como ignorarte a ti mismo.

Si te quieres encontrar a ti mismo, tienes que buscar a Dios. Ignorar a Dios es como ignorarte a ti mismo. Lo puedes ignorar, pero si lo haces, siempre serás un extraño para ti mismo. En cambio, si tienes el valor de entrar al cuadrante desconocido, descubrirás las dimensiones de la identidad que te ha dado Dios, y del destino que él ha dispuesto para ti, y que te han estado evadiendo durante toda la vida.

La mayoría de la gente se pasa la mayor parte de su tiempo en el cuadrante abierto, viviendo para el consumo público. O bien, gastan la mayor parte de su energía en el cuadrante ciego, fingiendo ser quienes no son. Las revelaciones y los adelantos que solo se pueden producir en las dimensiones tercera y cuarta se les escapan. Y se conforman con vivir como extranjeros para ellos mismos.

La verdadera libertad aparece cuando sales de detrás de la fachada. Y todo lo que necesitas es examinarte a ti mismo con sinceridad. No te puedo prometer que no vaya a ser espiritualmente doloroso, o emocionalmente agotador. Y no te va a gustar todo lo que se te revele. Pero si quieres descubrir la huella que hay en tu alma, no tienes otra alternativa. Tienes que mirarte larga y detenidamente a ti mismo a través de los paneles tercero y cuarto de la ventana. Y eso es lo que hizo David, con la ayuda de un profeta llamado Natán, quien veía a través de aquella fachada real.

Unos ojos ociosos

Permíteme plantear la escena.

Como un atleta jubilado que echa de menos el día del juego, o un político jubilado que echa de menos el recorrido de la campaña, David echaba de menos el campo de batalla. Extrañaba el chorro de adrenalina. Extrañaba la camaradería que sentía en el campamento. Extrañaba el ser motivo de los grandes titulares en el periódico del día siguiente. David ya no estaba haciendo historia. David se había vuelto parte de la historia.

Estaba aburrido, y el aburrimiento es el caldo de cultivo del pecado. Literalmente, pecamos porque no tenemos nada mejor que hacer. Y la cura para el pecado es una visión que venga de Dios. Si te consume una visión del tamaño de Dios, te quedan menos tiempo y menos energía para cubrir tu pecado. Estás demasiado ocupado sirviendo a Dios para pecar contra él. Pero si no estás ocupado en servir a Dios, lo más probable es que peques contra él. Lo dice el viejo adagio: «Las manos ociosas son el taller del diablo». También lo son los ojos ociosos.

> En la primavera, que era la época en que los reyes salían de campaña, David mandó a Joab con la guardia real y todo el ejército de Israel para que aniquilara a los amonitas y sitiara la ciudad de Rabá. Pero David se quedó en Jerusalén.
>
> Una tarde, al levantarse David de la cama, comenzó a pasearse por la azotea del palacio, y desde allí vio a una mujer que se estaba bañando. La mujer era sumamente hermosa, por lo que David mandó que averiguaran quién era.
>
> —2 SAMUEL 11:1–3

Cuando los soldados andan lejos, el rey se divierte. La estructura de responsabilidad de David estaba ausente. Su rutina había cambiado. Y lamentablemente, el enemigo es predecible en sus tácticas para tentar. Si nosotros no estamos atacando, a la ofensiva por el reino, el enemigo nos pondrá a la defensiva, atacándonos. David habría debido estar levantando el ánimo de sus tropas en las líneas del frente. Pero en lugar de esto, estaba caminando por las líneas laterales con muy poco que hacer; si acaso, meterse en problemas. Y entonces es cuando el enemigo está en su mejor momento, y nosotros en el peor.

Si no estás ocupado en servir a Dios, lo más probable es que peques contra él.

David se estaba paseando sobre el terrado de su casa, soñando con las glorias de las batallas del pasado. Entonces, por el rabillo de un ojo, vio a Betsabé. Cuando la imagen de Betsabé bañándose pasó a través del nervio óptico hasta llegar a la corteza visual del cerebro, David tenía una decisión que tomar: o mirar, o apartar la mirada. Así de simple. Así de difícil. Su conciencia —la misma conciencia que le había dado convicción el día que le había cortado el borde del manto a Saúl— le dijo que apartara la mirada. Pero David no obedeció a su conciencia. Y ese fue el momento en el cual la tentación se convirtió en pecado.

Es difícil analizar las motivaciones que llevan al pecado, pero me pregunto si David no estaría luchando con su masculinidad. Me pregunto si su ego no estaría sufriendo. Me pregunto si no estaría pasando por una crisis de la mediana edad. El guerrero ya no está peleando en las batallas, ni creando las noticias de mayor importancia. Y cuando un guerrero deja de tener triunfos militares, siente la tentación de dedicarse a otros tipos de conquistas. Cuando un guerrero deja de ir a la batalla, ¿cómo canaliza la testosterona que le corre por las venas? Cuando un guerrero se jubila, ¿en qué encuentra su identidad? Y las mismas clases de crisis se presentan, cualesquiera que sean su sexo o su ocupación. Cuando nos desconectamos de las empresas santas, muchas veces nos volvemos a dedicar a hábitos de pecado.

El pecado se presenta en numerosas variedades, pero una de las primeras tendencias es lo que yo llamo el pecado «legítimo ilegítimo». Intentamos satisfacer una necesidad legítima, pero lo hacemos de una manera ilegítima. No tenemos la suficiente paciencia para esperar a que Dios satisfaga esa necesidad legítima de una manera también legítima. Él nos ha dado la receta, pero nosotros buscamos una de esas medicinas que se venden sin receta. Y la legitimidad de la necesidad hace que el pecado parezca inofensivo. Lo justificamos con una racionalización egoísta: *Dios quiere que seamos felices*. Por supuesto que sí. Pero cada vez que tomamos un atajo de pecado, estamos creando un cortocircuito en nuestra verdadera felicidad.

Aunque el pecado produzca un momento de placer, el efecto secundario siempre es la aflicción. Y esa aflicción es tan duradera, como fugaz es el placer. Pecar es como vender la huella de nuestra alma a un precio absurdamente bajo. Es tan necio como cuando Esaú le vendió su primogenitura a Jacob por un tazón de guisado de lentejas. Al final de tu vida va a ser lo que más lamentarás, porque no habrás logrado cumplir tu verdadero destino. Pecar es vender a Dios y venderse a sí mismo a precio de ganga.

La honra dezmoral

El pecado ya no me sorprende. No podría hacerlo, después de todas las confesiones que he escuchado. He aconsejado a suficientes hombres de negocios para saber que el simple hecho de que uno pueda manejar un negocio no significa que se pueda manejar a sí mismo. He orado con suficientes políticos para saber que solo porque alguien se gane un voto popular, eso no significa que se caiga bien a sí mismo. Y he hablado de manera confidencial con suficientes pastores como para saber que solo porque alguien les esté ministrando a los demás, eso no significa que esté ganando él mismo la batalla contra el pecado. Nuestro potencial para el pecado solo es superado por nuestro potencial para engañarnos a nosotros mismos. Es posible que el engaño pecaminoso sea la única capacidad ilimitada que poseamos. Así que ya no me sorprende el pecado. Lo que sí me sorprende es la persona que tiene esa valentía tan rara de encontrar que la lleva a confesar su pecado. Mi opinión sobre una persona cuando confiesa su pecado nunca se vuelve más pobre. Siempre

> Aunque el pecado produzca un momento de placer, el efecto secundario siempre es la aflicción.

mejora, sencillamente porque ha sido capaz de admitir lo que el resto de nosotros negamos.

Sin duda alguna el proceso de santificación tiene por resultado el que cometamos menos pecados, pero tiene que ver con algo más que pecar menos que antes. También tiene que ver con un enfrentamiento a la realidad de lo pecadores que somos. La santificación tiene por consecuencia una consciencia más despierta acerca de las motivaciones pecaminosas que infectan las acciones y las decisiones que tomamos. Con demasiada frecuencia subestimamos nuestra pecaminosidad, y de esa manera estamos también subestimando la justicia de Dios. Y cuando le restamos importancia al pecado, se la estamos restando a la gracia de Dios.

David era un hombre según el corazón de Dios. Pero esa manera de describirlo, que es única, no era un producto secundario de la perfección moral. La honradez moral era la que lo hacía un hombre según el corazón de Dios. Al principio, intentó cubrir con un asesinato su aventura ilícita con Betsabé. Y esa fue su reacción inmediata ante la culpa. Sin embargo, después del encuentro dispuesto por Dios con el profeta Natán, David reúne el suficiente valor para confesar lo que ha hecho. Y es una confesión muy pública. De hecho, es posible que se trate de la confesión más publicada en toda la historia, puesto que la han leído millones de personas a lo largo de miles de años. A raíz de su gravísimo pecado, David escribe su salmo más redentor. El Salmo 51 nos lleva tras la fachada del cuadrante oculto para entrar al cuadrante ciego. Y la brutal honradez que encontramos es sumamente escasa en el mundo.

> Yo reconozco mis transgresiones;
>   siempre tengo presente mi pecado.
> Contra ti he pecado, sólo contra ti,
>   y he hecho lo que es malo ante tus ojos;

por eso, tu sentencia es justa,
  y tu juicio, irreprochable.
Yo sé que soy malo de nacimiento;
  pecador me concibió mi madre.

—SALMOS 51:3–5

Lo mejor de la santidad

¿Recuerdas el viejo cuento de cuna que nos hacían de niños?

Humpty Dumpty sentado en un muro,
Humpty Dumpty se cayó de lo alto del muro.
Todos los caballos y los hombres del rey
No pudieron volver a unir los pedazos de Humpty Dumpty.

Todos nos hemos sentido como Humpty en algún momento de la vida. Sentimos como si nuestra vida se nos estuviera cayendo a pedazos, y tuviéramos el corazón destrozado más allá de nuestra capacidad para volverlo a unir. Nos sentimos indefensos y sin esperanza. Ni siquiera recordamos ya cuál es el aspecto que deberían tener los rompecabezas de nuestra vida. Es como si hubiéramos perdido la tapa de la caja, donde se nos revela la huella que hay en nuestra alma. Olvidamos quiénes somos. Olvidamos *a quién* le pertenecemos.

Así es como David se debe haber sentido después de su aventura. En aquel momento estaría absolutamente destrozado. Su dignidad había quedado destruida. Su reputación estaba en ruinas. Su corazón se había endurecido. Y finalmente, había llegado al punto más bajo de su vida espiritual. A ninguno de nosotros nos gusta llegar a ese punto. Ese es el lugar más aterrador, débil y solitario en el que nos podemos encontrar. Pero algunas veces, tenemos que llegar al fondo de ese pozo antes de alzar los ojos a Dios. Y entonces es cuando descubrimos que hay un nudo en la punta de la soga que baja hasta el pozo. Ese nudo es la misericordia de Dios. Y es lo único que detendrá nuestra vertiginosa caída espiritual.

En su libro de memorias *The Sacred Journey* [El viaje sagrado], Frederick Buechner escribe acerca del suicidio de su padre cuando él era aún un muchacho joven. Aquella experiencia le destrozó el alma, pero a lo largo de su doloroso proceso de recuperación, también descubrió la capacidad que tiene Dios para restaurar un espíritu quebrantado. «Cuando se trata de volverles a dar vida a unas vidas destrozadas... lo mejor de los humanos tiende a ser lo contrario a lo mejor de la santidad», observa Buechner. Esa distinción entre «lo mejor de los humanos» y «lo mejor de la santidad» es profunda. Son muchos los que nunca experimentan «lo mejor de la santidad», porque están tratando de arreglar su propia vida con sus esfuerzos que son «lo mejor de los humanos». Sin embargo, nuestros intentos humanos por resolver los problemas suelen complicarlos más. Hacemos más complejos nuestros problemas. Buechner continúa así su pensamiento: «Hacer por ti mismo lo mejor que puedas hacer dentro de ti mismo —rechinar dientes y cerrar puños para sobrevivir al mundo en sus momentos más duros y peores— es, por el acto mismo, ser incapaz de dejar que se haga por ti y en ti algo que es mucho más maravilloso».[1]

Nos esforzamos mucho por arreglar nuestros propio quebrantamiento, pero hay problemas que están fuera de nuestra capacidad para solucionarlos, heridas que no tenemos capacidad para sanar y recuerdos que no podemos olvidar. ¿Qué hacer con ellos? ¿Cómo salimos de la prisión de los sufrimientos del pasado? ¿Cómo superamos los remordimientos que nos persiguen? La única manera consiste en permitirle a Dios que reconstruya nuestra mente, nuestro corazón y nuestro espíritu. Y esa es la especialidad de Dios.

«Cuando yo invité a Jesús para que entrara a mi vida», dice C. S. Lewis, «pensaba que iba a empapelar un poco las paredes y colgar unos cuantos cuadros. Pero él comenzó a echar abajo paredes y ampliar habitaciones. Yo le dije: Estaba esperando una bonita cabaña—, pero él me respondió: —Estoy haciendo un palacio para vivir en él—».[2]

El rey David no solo vivía en un palacio. Él mismo era un palacio. Y también lo eres tú. Eres el palacio, el templo de Dios. Y él quiere habitar en ti. Pero eso exige grandes renovaciones. Y con frecuencia, el primer paso consiste en demoler. Dios necesita echar abajo la fachada, para poder poner unos cimientos nuevos.

Eso es lo que Dios ha hecho en mi vida durante estas últimas semanas. Por primera vez en mi ministerio pastoral, me tomé un descanso sabático. Habría querido decir que fue un tiempo reparador, pero fue todo menos eso. Fue emocionalmente agotador. Siento como si Dios me hubiera llevado detrás de la leñera. Y allí me reveló algunas cosas que yo no quería ver, pero que no me podía dar el lujo de ignorar.

> Dios necesita echar abajo la fachada, para poder poner unos cimientos nuevos.

Dejar a un lado mi identidad de pastor me ayudó a verme a mí mismo tal como soy yo. Y no me gustó todo lo que vi. La necesidad de que me necesiten está metida tan profundamente en mi corazón, que me fue difícil deshacerme de ella. Algunos pecados sutiles todavía siguen levantando su horrible cabeza de maneras casi imperceptibles. Y los malos hábitos que yo pensaba haber enterrado hace largo tiempo parecen tener nueve vidas. Para serte franco, mi descanso sabático fue espiritualmente doloroso. Vi lo frágil que es mi ego. Me reveló lo desordenadas que están mis prioridades. Y me sentí abrumado por las cuestiones a las que necesito enfrentarme. Cuando mi descanso sabático llegó a su fin, yo llegué a una conclusión: yo no me puedo arreglar. Necesito que Dios me salve de mí mismo. En ese punto se encontró David a raíz de su aventura. No se podía arreglar a sí mismo. Y puede ser aterrador encontrarse en esa situación. Pero con frecuencia, se convierte en un punto decisivo en la vida de una persona. Algunas veces, Dios no puede, o no quiere arreglar nuestra vida mientras no se haya hecho pedazos.

El Salmo 51 es usado a diario en la liturgia de oración judía, pero un versículo en particular, el versículo 17, se repite tres veces al día como preludio a una oración en silencio. Nos recuerda no solo nuestro quebrantamiento, sino también la santidad de Dios.

Los sacrificios de Dios son el espíritu quebrantado;
al corazón contrito y humillado
no despreciarás tú, oh Dios.

En lugar de tratar de arreglar tus propios destrozos, tal vez necesites aceptarlos. Tu quebrantamiento puede ser una bendición disfrazada. Como una madre que acude a ayudar a su bebé cuando llora, Dios también acude ante el quebrantamiento del ser humano. Y si se lo permites, te va a restablecer de una manera que algún día hará que celebres el quebrantamiento como un don suyo. En nuestro quebrantamiento es en el que se revela con mayor claridad la santidad de Dios.

Genialidad pura

Dios usa también nuestro quebrantamiento para revelarnos la huella que hay en nuestra alma. Con frecuencia, nuestro destino se revela en medio de nuestra propia aflicción y nuestro fracaso. Tal vez no sea así cómo ni cuándo nosotros hubiéramos querido descubrir nuestro destino. Sin embargo, en ese ir lidiando con nuestras tragedias, con nuestro propio dolor y nuestros propios problemas, es donde nos capacitamos para ayudar a otras personas con las tragedias, los dolores y los problemas que tengan.

«Donde está la herida de un hombre», observa Robert Bly en su libro *Iron John* [Juan de hierro], «es donde va a estar su genio». Esto es realmente cierto con respecto a David. Los salmos son genialidad pura. Pero su genialidad es un producto secundario del sufrimiento de David. Los salmos más grandiosos nacieron de las experiencias más dolorosas de su vida.

A lo largo de estas tres últimas décadas, Mothers Against Drunk Driving («Madres contra conducir ebrio») ha hecho conciencia, promovido leyes y reclutado más de tres millones de miembros en su noble causa de impedir que se siga conduciendo en estado de ebriedad. Es imposible calcular el número de vidas que han salvado, pero MADD ha logrado cambiar la situación. Lo que tal vez no sepas es que el origen de esta misión salvadora de vidas se remonta a una trágica muerte. La fundadora, Candy Lightner, perdió a su hija de trece años por culpa de un conductor ebrio. Se podría haber sumido en su dolor personal. Se podría haber ahogado en la ira que sentía hacia el conductor que le quitó la vida a su hija. Sin embargo, en lugar de vivir airada, formó MADD. Redimió el dolor y descubrió su destino.

Para Candy Lightner, formar una organización fue la forma de redimir su dolor. Para David fue escribir cánticos. La composición de cantos era una forma de catarsis; es la forma en que David se enfrentó a lo que había hecho. Las letras de sus salmos son como una autopsia sobre el dolor, la duda y la ira. Los salmos contienen una gran cantidad de géneros musicales. Algunos se leen como hermosas baladas dirigidas al Creador. Otros, entre ellos el Salmo 51, son decididamente música *soul*.

Algunas veces, nuestro destino se nos revela a través de unos momentos hermosos que nos causan gozo. Otras, se revela a través de unos momentos de quebranto que nos roban el gozo. Para David, este es uno de esos momentos en los que todo el gozo ha desaparecido. David le suplica a Dios que le restaure el gozo que la culpa le ha robado. Y desde lo más profundo de su alma, surge un canto gutural. Desde el fondo de su corazón, David canta a todo pulmón: «Devuélveme la alegría de tu salvación» Salmo 51:12. Y lo canta una y otra vez, como si fuera un coro.

> No estás solo. Tienes un Sumo sacerdote que siente tu dolor. De hecho, tu dolor le duele a él más de lo que te duele a ti.

Tal vez tú te encuentres en esa situación. Pareces haber perdido el gozo por completo. Y ni siquiera estás seguro de la manera en que llegaste a ella. Permíteme recordarte esta sencilla verdad: no estás solo. Tienes un Sumo sacerdote que siente tu dolor. De hecho, tu dolor le duele a él más de lo que te duele a ti. Y si eres padre, sabes que esto es más que una frase hecha. Todo lo que te puedo decir es esto: dale tiempo. La mayoría de los problemas no pasan de la noche a la mañana, y no desaparecen tampoco de un día para otro. Pero dale tiempo, y Dios te restaurará el gozo. Y ese gozo será tuyo para toda la eternidad. Mientras tanto, necesitas abrazar tu quebrantamiento. Es difícil escribir esto, y más difícil aun es leerlo, pero en tu dolor hay un ministerio en potencia. Tienes que redimir el dolor y convertirlo en ganancia para otras personas. Así es como se sanan las heridas. Así es como se revelan los destinos.

Como un buen pastor que le quiebra una pata a un cordero que tiene tendencia a perderse del rebaño, poniéndose así en peligro, Dios nos quebranta a nosotros donde y cuando necesitamos ser quebrantados. Parece un castigo cruel y poco usual, pero es la manera que tiene Dios de protegernos de nosotros mismos. Y ese quebrantamiento siempre tiene un propósito redentor. La parte herida será más fuerte cuando se sane. Y Dios nos llevará amorosamente sobre sus hombros hasta que volvamos a tener la fuerza suficiente para sostenernos sobre nuestros dos pies.

¿Hay alguna fortaleza en tu vida? ¿La lujuria? ¿La ira? ¿El orgullo? Mientras no sean destruidas esas fortalezas, no podrás realizar tu destino. Por tanto, esta es la pregunta: ¿estás dispuesto a someterte a un dolor a corto plazo para obtener una ganancia a largo plazo?

La mayor parte de nuestras oraciones giran alrededor de pedirle a Dios que cambie las circunstancias que nos rodean, pero Dios no siempre quiere cambiar esas circunstancias. Quiere usarlas para cambiarnos a nosotros. Y todo comienza con el quebrantamiento de las fortalezas que existan en nuestra vida. La buena noticia es que Dios siempre sana lo que rompe. Y de una manera muy parecida a lo que sucede con las propiedades naturales de curación que tiene el cuerpo humano, el espíritu quebrantado va a ser más fuerte después de ser quebrantado, que antes.

El adulto promedio tiene doscientos seis huesos. Y esos huesos están pasando continuamente por un proceso biológico llamado remodelación. Siempre se están quebrantando y volviendo a edificar. Los osteoclastos quebrantan la materia ósea, y los osteoblastos la reedifican. Ese mismo proceso de remodelación es el que atraviesa el espíritu después del arrepentimiento. Y al igual que los huesos, que son más fuertes que antes después de una fractura, también el espíritu se fortalece. Nuestro espíritu está pasando continuamente a través de este proceso de remodelación. Y si nos sometemos al proceso de quebrantamiento, terminaremos siendo más fuertes precisamente en aquellos lugares en que hemos sido quebrantados. Sin embargo, para poder sanar, necesitamos pasar por el mismo proceso de autoexamen por el que pasó David en el Salmo 51.

Los mecanismos de defensa

Yo no sé qué pienses tú, pero yo no soy un gran fanático de los exámenes. Lo mismo da que sean académicos, como que sean médicos; los encuentro estresantes. ¡Me sube la presión arterial, sencillamente porque alguien me está midiendo mi presión arterial! La razón por la cual no me gustan los exámenes es porque revelan lo que no sé, o no quiero saber. No obstante, me he acomodado al hecho de que, aunque tal vez no me gusten, los necesito. La única alternativa es la ignorancia. Y la ignorancia no es una felicidad.

Recientemente, cuando mi padre tuvo su examen médico anual, el doctor descubrió que tenía un melanoma. Nadie quiere hacer ese descubrimiento, pero ¿cuál alternativa nos queda? Si no descubrimos lo que anda mal, entonces no lo podremos arreglar. El problema solo va a empeorar si se mantiene oculto, sin descubrir. Si no se detecta el cáncer de la piel, puede entrar al torrente sanguíneo y propagarse por todo el cuerpo. Lo que es cierto en el sentido físico, también lo es en el espiritual. Si permanecemos ciegos ante nuestros pecados, esos pecados no van a desaparecer. Van a ir de mal en peor. No es posible sanarse de ellos mientras no se los haya diagnosticado.

Nuestra cultura no es muy amiga del autoexamen. Preferimos mirar los programas de televisión que plagian la realidad, y vivir de manera vicaria a través de otros. Tal vez por eso hay tantos de nosotros que sabemos más acerca de nuestras celebridades favoritas, que acerca de nosotros mismos. Nos es mucho más fácil obsesionarnos con los demás, que trabajar en nuestra propia persona. Y por eso hay tantos seres humanos que son unos extraños para sí mismos. Apenas sabemos quiénes somos. Y la única solución a la superficialidad es el autoexamen. Tienes que mirar largamente y con detenimiento al espejo.

Algunas veces, el espejo es un profeta en nuestra vida. Hace falta alguien con una comprensión sobrenatural para ver nuestros puntos ciegos. Necesitamos alguien que sea lo suficientemente sincero y valiente para enfrentarnos. En el caso de David, el profeta necesitó una medida mayor aun de valentía, porque David era el rey, y muchas veces los reyes matan a los profetas que dicen cosas que ellos no quieren oír. El profeta Natán debe haber orado para que Dios le diera las palabras correctas y, decididamente, las encontró. Le habló a David de una manera que lo hizo remontarse a varias décadas atrás. Le relató al antiguo pastor una historia acerca de un hombre rico que le arrebató una corderita a un hombre pobre. En lugar de atacarlo de frente, Natán pasó por encima de las defensas de David, relatándole una historia. Y no hay nada como una historia para pasar por encima de las defensas de una persona y deslizarse por la puerta trasera.

David se enojó contra el hombre rico que le había robado al hombre pobre su única corderita. Y entonces fue cuando Natán pronunció la frase clave. ¿Recuerdas aquel saludo entre hombres que se popularizó en Estados Unidos hace una década: «Tú el hombre»? Ese elogio varonil podría remontar sus orígenes a Natán. Pero en el caso de David, era una acusación: tú el hombre. Natán ayudó a David a ver su propio pecado, haciendo que mirara a través del tercer panel de la ventana: el cuadrante ciego. Eso es lo que hacen los profetas. Y esa confrontación lleva con frecuencia a una confesión.

Todos necesitamos que haya en nuestra vida gente que tenga libertad para hablarnos; la libertad necesaria para decirnos lo que no queremos escuchar; la libertad necesaria para llamarnos a rendir cuentas. Cada uno de nosotros

> Natán ayudó a David a ver su propio pecado. Cada uno de nosotros necesita un Natán.

149

necesita un Natán. Y hay también momentos en que necesitamos ser como Natán.

Cuando miras a tu pasado, ¿a quién respetas más? Me imagino que en tu pasado haya personas que te hayan señalado uno o dos puntos ciegos. Han podido ver más allá de tu fachada. Te han enfrentado con tu pecado. Han dicho algo que tú no querías escuchar. Y tú los has detestado por haberlo hecho, pero ahora los respetas. Al final de nuestra vida, habremos perdido el respeto por aquellos que se hayan limitado a decirnos lo que nosotros queríamos oír. La gente que habrá ganado nuestro respeto son los profetas que han tenido la valentía de poner en riesgo su relación con nosotros a base de decirnos cosas que nosotros no queríamos escuchar.

Las profecías personales

Según Laurie Beth Jones, el cuarenta por ciento de nuestra vida se basa en profecías personales. Y aunque no es posible demostrar con precisión este porcentaje, yo pienso que hay una gran verdad tras esta afirmación. Necesitamos profetas que nos hablen a nuestra vida, y cuyas palabras alteren la trayectoria que llevamos en la vida. En su libro *The Power of Positive Prophecy* [El poder de la profecía positiva], Laurie relata la historia de un hombre llamado Michael:

Crecí en un hogar de alcohólicos en el cual nunca oí decir una sola palabra positiva. Cuando iba de la escuela a mi casa, siempre hacía una parada en el taller de Jimmy, el tintorero del lugar, porque él siempre tenía caramelos en el mostrador. Así fue como él me llegó a conocer, y una tarde me dijo: «Michael, eres un chico muy listo. Algún día vas a estar al frente de un negocio muy grande». Yo lo escuchaba incrédulo y regresaba a casa, donde mi padre me llamaba «perro» y me zarandeaba a golpes. Pero sabes... Jimmy, el tintorero, era la única persona que puedo recordar que creyera en mí... Hoy en día estoy al frente de una organización multimillonaria de cuidado de la salud, tal como Jimmy me predijo. Supongo que se puede decir que un tintorero fue el profeta de mi vida.[3]

Tú mismo tal vez no te veas como profeta, pero lo eres. Eres un profeta para tus amigos. Eres un profeta para tus hijos. Eres un profeta en tu trabajo y un profeta en tu hogar. Y tus palabras tienen el potencial necesario para cambiar vidas a base de ayudar a las personas a descubrir su identidad y su destino.

Tenemos la idea errónea de que los profetas son un grupo muy pequeño y escogido de personas. Eso no es cierto. Moisés dijo: «¡Cómo quisiera que todo el pueblo del Señor profetizara!» Números 11:29. Lo dijo en forma de afirmación categórica. Y esto ha cambiado la manera en que yo veo a mi iglesia. A las personas de mi iglesia no las veo como feligreses. Veo a cada una de ellas como un profeta en potencia. Los filósofos judíos creían que convertirse en una persona profética era la coronación del desarrollo mental y espiritual. No se trataba de una excepción. Era lo que se esperaba de la persona. Mientras más crecías, más profético te volvías. Durante este año pasado, le he pedido a Dios que me dé más profundidad profética. Estoy cansado de las conversaciones superficiales sin consecuencias eternas. Quiero sostener conversaciones que interrumpan la vida de una persona de unas maneras tales que cambien su destino. Y aunque todavía me dedico a las conversaciones triviales, he tenido muchas conversaciones más que han resultado ser momentos decisivos. Y esto es algo a lo que deberíamos aspirar todos nosotros.

Los espejos locos

Hay espejos de todos los tamaños y de todas las formas. Algunas veces es un profeta el que nos ayuda a ver los puntos ciegos que tenemos en nuestra vida. Otras veces es una epifanía que levanta el velo y nos revela la gloria de Dios de una forma nueva. Pero el mayor de los espejos, el espejo que nos da la reflexión más real de nosotros mismos, es el de las Escrituras.

La mejor forma de autoexamen consiste sencillamente en leer las Escrituras. O tal vez debería decir que se trata de meditar en las Escrituras. Al fin y al cabo, Dios no hizo la Biblia para que la leyéramos. La hizo con el propósito de que meditáramos en ella. Y el Salmo 51 es el ejemplo por excelencia. Es imposible limitarse a leerlo con la mente. Hay que sentirlo con el corazón. Y la manera de sentirlo consiste en ponernos en las sandalias de David. La mejor manera de identificarnos con su culpa es identificar nuestra propia culpa. Hay algunas verdades a las que no se puede acceder por medio de la lógica típica del cerebro izquierdo. Solo es posible desatarlas en el centro de nuestro corazón. Y eso exige más que una simple mirada de paso en el espejo. Así como te estudias con detenimiento en el espejo antes de una cita o una reunión importante (y sé que lo haces), es necesario que medites en el reflejo que veas.

La epístola de Santiago compara a la Biblia con un espejo (Lee Santiago 1:23–25).

Meditar en ella es nuestra forma de llegar a tener una imagen veraz de quiénes somos. Y no solo revela el pecado que hay en nuestra vida. También revela la imagen de Dios que hay en nosotros. A medida que meditamos en la Biblia, la imagen de quiénes somos en Cristo se desarrolla, como cuando se revela una fotografía Polaroid.

Cuando yo era niño, mi familia solía frecuentar un restaurante llamado White Fence Farm. Siempre había que esperar, pero a mí no me molestaba, porque el cuarto de espera era como un parque de diversiones. Tenían juegos. Tenían un museo de autos. Y había espejos locos, como en los carnavales, que distorsionaban la cara y la figura de la persona. Yo me pasaba un cuarto de hora contorsionándome de todas las formas imaginables.

En cierto sentido, todos los espejos son espejos locos, con una sola excepción: las Escrituras. Las Escrituras son el único espejo perfecto, porque revelan la forma en que nuestro Diseñador nos ve. La mayoría de nuestros problemas de identidad son consecuencia de habernos contemplado en los espejos equivocados. En el caso de muchos, la cultura es el único espejo que consultan. Permiten que la cultura los defina en función de lo que es correcto o incorrecto, bueno o malo, aceptable o inaceptable. En otros casos, el espejo primario es la opinión de los demás. Y esos espejos, por bien intencionadas que sean esas personas, siempre nos devolverán una imagen distorsionada. El único espejo perfecto es el de las Escrituras. Y mientras más las leas, más reflejarás a Dios. ¿Por qué? Porque la Biblia es donde Dios se revela.

> **A medida que meditamos en la Biblia, la imagen de quiénes somos en Cristo se desarrolla.**

> Así, todos nosotros, que con el rostro descubierto reflejamos como en un espejo la gloria del Señor, somos transformados a su semejanza con más y más gloria por la acción del Señor, que es el Espíritu.
>
> —2 Corintios 3:18

Si quieres descubrir la huella que hay en tu alma, tienes que comenzar por las Escrituras y acabar con las Escrituras.

El único espejo perfecto es el de las Escrituras. Y mientras más las leas, más reflejarás a Dios. ¿Por qué? Porque la Biblia es donde Dios se revela.

Si no estás leyendo la Biblia tanto como podrías o deberías, vas a tener problemas de identidad. Y me voy a arriesgar a decir más. Si no estás leyendo la Biblia como podrías o deberías, es probable que se deba a algún problema de pecado que hay en tu vida. No te quieres mirar al espejo, porque sabes que vas a sentir convicción. Prefieres ignorar el diagnóstico. Pero si lo ignoras, tu salud empeorará. Y la Biblia es más que una resonancia magnética que revela lo que anda mal. Es también la mejor medicina preventiva. Es no solo la mejor cura para los problemas de identidad. También es la mejor de las prevenciones para evitar que aparezcan.

Secretos culpables

No hay nada que aísle tanto como los pecados secretos. Y el enemigo quiere que los mantengas en secreto. ¿Por qué? Porque Dios no está dispuesto a sanar lo que tú no confieses. La confesión es la forma en que aceptamos el santo diagnóstico de Dios. Y eso fue lo que hizo David con la ayuda de un enfrentamiento profético. Ese enfrentamiento comienza un proceso de curación que tiene por consecuencia la santidad.

Como David, John Donne fue considerado el mejor poeta de habla inglesa en su generación. Estudió en Oxford cuando tenía once años de edad. Después sirvió como deán de la Catedral de san Pablo, en Londres. John Donne triunfó según todas las normas externas, pero también vivía en un estado de temor constante, debido a un pecado secreto. Antes de convertirse a Cristo, Donne había escrito poesía obscena para la mujer con la que se había casado en secreto. Y aquel secreto tenebroso y profundo tenía aprisionado su espíritu. Vivía temiendo que un día lo descubrieran.

Muchos de nosotros se consumen bajo esta misma clase de temor. Al igual que Donne, los aprisiona un pecado secreto. Pero al esconder la verdad, nos escondemos a nosotros mismos de la verdad. Al esconder nuestro pecado, nos escondemos de nosotros mismos. Y ese instinto es tan antiguo como el Edén. ¿Cuál fue la reacción inicial de Adán después de su pecado original? Trató de esconderse. Y desde entonces, nosotros también nos hemos tratado de esconder. En un sentido, la esencia del Edén es la libertad para ser nuestro propio yo al desnudo. Es no tener nada que esconder. Y así será en el Segundo Edén. El cielo es no tener nada que esconder. Y así es el cielo en la tierra.

Las Escrituras son la mejor cura para los problemas de identidad.

He aquí una verdad que el enemigo no quiere que tú descubras: mantener en secreto un pecado es más espiritualmente costoso que ponerlo al descubierto. Nosotros pensamos que nos vamos a morir si se descubre la verdad, pero lo cierto es que en realidad volveríamos a la vida.

Permíteme tomar prestada una escena familiar de las Escrituras para describir esto. Lázaro llevaba cuatro días muerto y sepultado cuando Jesús le dijo: «¡Lázaro, sal fuera!» (Lee Juan 11:1–44). Y por extraño que parezca, Lázaro obedeció.

Para valorar plenamente este milagro, tienes que comprender las costumbres funerarias de los judíos. Cuando Lázaro murió, le habrían atado los pies por los tobillos, y los brazos le habrían quedado atados al cuerpo con tiras de tela de lino. Entonces, su cuerpo habría sido envuelto en unos cuarenta y cinco kilos de mortaja. Según algunos eruditos, le habrían envuelto la cabeza con tantos paños de lino, que mediría unos treinta centímetros de ancho. Ya estás captando la imagen mental. Lázaro estaba envuelto como una momia. Entonces Jesús dijo: «Desatadle, y dejadle ir».

En todas las historias del evangelio hay una imagen de lo que es este. Y esta es una de las más intuitivas. El pecado va mucho más allá de lo que es correcto y lo que no lo es. Es cuestión de vida o muerte. Cuando pecamos, una parte de nosotros muere. Es casi como si nos envolvieran en una mortaja. Nuestro pecado nos mete en una tumba y quedamos sepultados en vida. Nuestra alma está envuelta como una momia. Pero Jesús nos sigue diciendo: «¡Ven fuera!». Él sigue resucitando a los muertos. Sigue liberando a los cautivos. Entonces nosotros salimos de la muerte para tener vida. Salimos del pecado para entrar en la justicia.

> Nuestro pecado nos mete en una tumba y quedamos sepultados en vida. Pero Jesús nos sigue diciendo: «¡Ven fuera!».

«La gloria de Dios», decía san Ireneo, «es que una persona esté plenamente viva». Por eso el pecado entristece tan profundamente el corazón de Dios. No se trata solamente de que se encolerice a su justicia. Es también que su amor sufre por las pequeñas muertes que experimentamos cuando pecamos. Pero la buena noticia es que Dios se ha dedicado a resucitar. Y no se quiere limitar a resucitar nuestro cuerpo en el día en que Cristo regrese victorioso.

Quiere resucitar tu personalidad que ha muerto a manos de aquellos que te han hecho daño.

Quiere resucitar sueños que han muerto de desilusión.

Quiere resucitar relaciones para darles un nuevo comienzo.

Quiere darte una vida abundante, tanto en sentido cuantitativo como cualitativo.

Hay quienes preferirían morir antes que confesar sus pecados, pero eso es precisamente lo que sucede cuando no los confesamos.

Morimos de una forma lenta y dolorosa. Pero hay otro camino. Y es David quien nos lo muestra.

Felices para siempre

Una decisión basta para cambiar tu vida de una forma drástica. Una mala decisión puede echar a perder una reputación que te ha costado toda la vida edificar. Una decisión equivocada puede terminar un matrimonio o una profesión. Y casi como David con respecto al momento de su fatídica caminata por el techo de su casa, muchos de nosotros recordamos una decisión errada con un profundo remordimiento. Nos castigamos a nosotros mismos por aquella falta de juicio. Meditamos sobre nuestro mal paso y nos preguntamos: *¿Y si...?* Querríamos poder echar atrás el tiempo para deshacer lo que hemos hecho. Pero no podemos. No podemos cambiar el pasado. Pero sí podemos aprender de él. Y así es como cambiaremos el futuro.

Ignoro cuáles serán los errores que tú habrás cometido. Y no te puedo prometer que todo el mundo te va a perdonar y va a olvidar. Pero Dios sí. No te puedo prometer que vas a poder enderezar las cosas con aquellos a los que les has hecho daño. Al fin y al cabo, ellos también poseen libre albedrío. Pero sí podrás arreglar las cosas con Dios. Las malas decisiones que hayas tomado, por devastadoras que hayan sido para ti y para los demás, no tienen por qué ser las que te definan. No tiene por qué ser así, si la gracia de Dios sigue estando en juego. Su gracia tiene un modo de convertir cosas que parecen errores definitivos en simples errores únicos. Y hasta estos mismos errores, él también los redimirá y

> Su gracia tiene un modo de convertir cosas que parecen errores definitivos en simples errores únicos.

los convertirá en momentos decisivos que te ayudarán a descubrir nuevas dimensiones de su gracia.

Este es el peor capítulo de la vida de David. Toma una terrible decisión. Y da la impresión de que aquel «feliz para siempre» ha salido volando por la ventana. Parece que su aventura ilícita y el asesinato con el que la cubrió tendrán por resultado un final trágico. Pero no es así como termina la historia de David, ¿no es cierto? Y tu historia tampoco tiene por qué terminar de esa manera tampoco. De hecho, no tiene por qué tener final alguno. Por virtud de la Resurrección, tú sí puedes vivir feliz para siempre.

> **Cuando confiesas tu pecado, este ya no te sigue definiendo. Te define la gracia de Dios.**

Todos los reyes del Antiguo Testamento se dividen en dos categorías: los que hicieron lo correcto ante los ojos del Señor, y los que hicieron lo incorrecto ante sus ojos. David hizo algo incorrecto; muy incorrecto. Sin embargo, las Escrituras no lo clasifican en la categoría de los que hicieron lo incorrecto.

David había hecho lo que agrada al Señor, y en toda su vida no había dejado de cumplir ninguno de los mandamientos del Señor, excepto en el caso de Urías el hitita.

—1 Reyes 15:5

¿Te diste cuenta de las últimas palabras de este versículo? El relato bíblico no ignora el pecado de David. Hace referencia del mayor error de toda su vida: dormir con Betsabé y después matar a su esposo Urías en un intento por cubrir su pecado. Pero la palabra clave es «*excepto*». Aquel pecado había sido una excepción a la regla. Y tu pecado también lo puede ser. ¿Cómo? Sencillamente confesándolo. Cuando confiesas tu pecado, este ya no te sigue definiendo. Te define la gracia de Dios. David fue contado en la compañía de los reyes que hicieron lo *correcto* ante los ojos del Señor. No fue el pecado de David el que lo definió. Ni tampoco tiene por qué definirte el tuyo, si estás en Cristo. Ya no te define lo malo que hayas hecho. Te define lo bueno que ha hecho Cristo. Su justicia es ahora tu identidad. Su justicia es tu destino. Y la promesa con la que comenzamos es la promesa de la cual necesitas asirte: nunca es demasiado tarde para ser quien habrías podido ser.

Aunque sean tus pecados los que definan tu pasado, no tienen por qué definir tu presente. Y ciertamente, tampoco tienen por qué definir tu futuro. Si aún estás respirando, eso significa que Dios aún no ha terminado su obra en ti. Todavía está tallando y esculpiendo. Todavía te sigue remodelando a su imagen. Todavía está liberando al cautivo y creando esa obra maestra única que eres tú.

> Aunque sean tus pecados los que definan tu pasado, no tienen por qué definir tu presente.

La piedra blanca

Por amor a David, Jehová su Dios le dio
lámpara en Jerusalén.

— 1 Reyes 15:4

Por la noche, cuando cierras los ojos, ¿dónde te lleva tu mente? ¿Cuáles son los lugares que vuelves a visitar una y otra vez? ¿Cuáles son los rostros que aparecen de nuevo ante los ojos de tu mente? ¿Cuáles las escenas que vuelves a vivir cuando te encuentras en el ciclo MOR del sueño?

Cada vez que David cerraba los ojos por la noche, con frecuencia veía la bella silueta de Betsabé y la horrible cara de Goliat. Volvía con frecuencia al valle de Ela y a los riscos de las cabras monteses. Pero lo más frecuente era que contara las ovejas; esas ovejas que había estado pastoreando; las ovejas que conocía por sus nombres. Su mente regresaba a las colinas que hay en las afueras de Belén. Allí fue donde aprendió a pastorear un rebaño, a tirar una piedra con la honda y a tocar la lira. En los momentos de duermevela, David volvía a ser pastor. Cuando abría de nuevo los ojos, estaba durmiendo en la cama del rey, su cama; en el palacio del rey, su palacio. En el tiempo que se toma despertar, el niño pastor se convertía en rey. Cada vez que se despertaba, tenía unas sensaciones extrañas, porque le parecía que su vida era en realidad solo un sueño. Inundaba la consciencia de David con un profundo sentido de gratitud y un profundo sentido de destino. E incluso cuando tenía los ojos bien abiertos, y estaba totalmente despierto, ese sentido de destino nunca se disipaba. Nunca daba por seguros el sueño, su vida. Y al volver a su pasado, se maravillaba ante la fidelidad de Dios. Su vida era una evidencia a favor de la providencia de Dios.

Luego el rey David se presentó ante el Señor y le dijo:

«Señor y Dios, ¿quién soy yo, y qué es mi familia, para que me hayas hecho llegar tan lejos? Como si esto fuera poco, Señor y Dios, también has hecho promesas a este siervo tuyo en cuanto al futuro de su dinastía. [...]

»Has hecho estas maravillas en cumplimiento de tu palabra, según tu voluntad, y las has revelado a tu siervo.

»¡Qué grande eres, SEÑOR omnipotente! Nosotros mismos hemos aprendido que no hay nadie como tú, y que aparte de ti no hay Dios».

—2 SAMUEL 7:18–19, 21–22

¿Alguna vez has tenido un momento que ha parecido casi como una experiencia fuera de tu cuerpo, en el cual te has visto a ti mismo de una manera como nunca antes te habías visto? Alguien te dice algo a ti, o dice algo acerca de ti que nunca antes ni siquiera habías notado acerca de ti mismo. O te sorprendes a ti mismo porque haces algo que no sabías que podías hacer. O por fin unes los puntos entre tus experiencias del pasado y tus circunstancias del presente de una manera tal que revela el favor que Dios ha demostrado en tu vida. Este es uno de esos momentos para David. Le pasa toda su vida delante de los ojos. Y concibe en su mente esta pregunta. Es la pregunta que lo consume: «SEÑOR y Dios, ¿quién soy yo, y qué es mi familia, para que me hayas hecho llegar tan lejos?». David había sido el último y más insignificante miembro de su familia, pero se había convertido en la persona más poderosa de Israel. Había estado relegado a la labor de pastor, pero ahora llevaba una corona de rey. Y apenas podía creer en quién se había convertido. Apenas podía creer la forma en que había llegado a aquella situación.

«SEÑOR y Dios, ¿quién soy yo, y qué es mi familia, para que me hayas hecho llegar tan lejos?».

El camino hacia el descubrimiento de sí mismo comienza con la pregunta que hizo David: *¿quién soy yo?* Pero más importante aun que la respuesta es aquel a quien va dirigida. Esa pregunta se la puedes dirigir a una gran cantidad de personas diferentes, y vas a recibir una gran cantidad de respuestas también diferentes. Pero solo hay Uno que tiene una respuesta omnisciente.

Si David se la hubiera hecho a su padre, este le habría respondido que era un pastor; ni más ni menos. Su propio padre no fue capaz de ver su potencial. Tampoco lo vieron sus hermanos. Para sus hermanos, David no era más que un mensajero que les llevaba comida al campo de batalla. ¿A Saúl? Él había dicho que David solo era un muchacho. Y Goliat lo llamó «carne para las aves del cielo». Ninguno de ellos supo ver quién era realmente David. Ninguno de ellos veía en quién se podía convertir. Pero David no le dirigió esta pregunta a ninguno de ellos. Se sentó ante el Señor y le hizo a él la pregunta: *¿quién soy yo?*

> Si quieres descubrir tu destino, tienes que pasar tiempo en la presencia de Dios.

¿Cuándo fue la última vez que te sentaste en la presencia de Dios y le hiciste esa pregunta?

La razón por la que muchos de nosotros somos extraños para nosotros mismos es porque no nos sentamos ante el Señor. Si quieres descubrir tu destino, tienes que pasar tiempo en la presencia de Dios. No tienes otra alternativa. No hay sustituto alguno. El verdadero descubrimiento de sí mismo solo se produce en la presencia de Dios. Solo cuando busques a Dios te hallarás a ti mismo. Y si tratas de hallarte a ti mismo fuera de una relación con tu Diseñador, esto te llevará a un caso de identidad equivocada.

El misterio definitivo

«El misterio definitivo es uno mismo», observaba Oscar Wilde en su carta *De Profundis*. «Cuando uno ha pesado al sol en una balanza, y medido los pasos de la luna, y hecho una carta celeste de los siete cielos, estrella por estrella, aún queda uno mismo. ¿Quién puede calcular la órbita de su propia alma?»

Es fácil sentirse poco importante o insignificante cuando hay miles de millones de personas rondando por todo el planeta, pero lo cierto es que tú eres sumamente valioso e irreemplazable. Te lo voy a decir en unos términos familiares y de familia. Si me dijeras que dos de mis tres hijos me amarían hasta el final de su vida, ¿crees que eso sería suficiente para mí? ¡De ninguna manera! Cada uno de mis hijos es valiosísimo e irreemplazable. Y también lo son su amor por mí, y mi amor por ellos. Yo quiero de una manera única a cada uno de ellos. No los amo de la misma manera. Ningún padre hace eso. Amo a cada uno de ellos de manera exclusiva, porque cada uno de ellos es único. Y así es como Dios nos ama: de una manera exclusiva. Ama a cada uno de nosotros como si fuera el único que existe. ¿Por qué? ¡Porque *solo hay* uno de cada uno de nosotros! Su amor por ti es diferente al que les tiene a todos los demás.

Y eso nos remonta al punto en el cual comenzamos.

Nunca ha existido ni existirá nadie igual a ti, pero eso no es un testimonio a tu favor. Es un testimonio a favor del Dios que te creó. Tu exclusividad no es solamente un don de Dios. Es también el regalo que tú le haces a él. Esa exclusividad es la que te capacita para adorar a Dios de una manera distinta a todos los seres humanos que han existido jamás. Nadie puede adorar a Dios *como tú,* o *en tu lugar.* Y al hablar de adoración, me estoy refiriendo a mucho más que el simple hecho de cantar unos cuantos cánticos el domingo por la mañana. La mejor forma de adoración consiste en convertirte en la mejor versión de

Si tratas de hallarte a ti mismo fuera de una relación con tu *Diseñador,* esto te llevará a un caso de identidad equivocada.

aquel que tenía en mente Dios que fueras cuando te creó. La adoración es más que un estilo de vida. La adoración es vida.

El descubrimiento de sí mismo siempre lleva en una de estas dos direcciones: la adoración de sí mismo o la adoración de Dios. Si no reconoces tu exclusividad como un don de Dios, entonces el descubrimiento de ti mismo se convertirá en un ego inflado en exceso, y el orgullo va a hacer cortocircuito en todo lo que Dios quiere hacer en ti y por medio de ti. Entonces es cuando la ayuda a sí mismo se puede convertir en autodestructiva. En cambio, si ves tu exclusividad como un don de Dios que debes cuidar con mayordomía, entonces esto te lleva a una vida de adoración. Tu exclusividad revela la grandeza de Dios. Y eso es precisamente lo que proclama David. No se celebra a sí mismo. Celebra a Dios:

«¡Qué grande eres, Señor omnipotente!» 2 Samuel 7:22.

La piedra blanca

La huella que hay en tu alma es el reflejo más fiel de la imagen de Dios. Encerrados en sus bóvedas se encuentran tu verdadera identidad y tu verdadero destino. Y en parte, lo que la hace misteriosa es que sea tan multidimensional. Contiene el pasado, el presente y el futuro. Es quien yo era, quien yo soy y aquel en quien me estoy convirtiendo. Frederick Buechner lo describe de esta manera:

Debajo de mi rostro soy una tumba familiar. Todas las personas que he sido jamás se hallan enterradas allí: el niño saltarín, orgullo de su madre; el jovencito lleno de acné con su sensualidad secreta; el renuente soldado de infantería; el que contempló en un amanecer a través del vidrio de un hospital a su hijo primogénito. Todos estos seres que yo fui, ya no soy; ni siquiera los cuerpos que usaron son ya mi cuerpo y, aunque cuando lo intento, puedo recordar detalles y partes acerca de ellos, ya no puedo recordar cómo era vivir dentro de su piel. Sin embargo, viven dentro de mi piel hasta el día de hoy; están sepultados en mí, en algún lugar, como fantasmas que ciertos cantos, gustos, olores, espectáculos y trucos del clima pueden despertar y, aunque no soy el mismo que ellos, tampoco soy diferente a ellos, porque el que ellos existieran entonces es responsable por lo que soy ahora.

Buechner añade también esta advertencia: «Sepultadas dentro de mí también se encuentran todas las personas que no he sido, pero que tal vez algún día podría llegar a ser».[1] Y aquí quedan incluidos quiénes seremos en la eternidad. Mientras estemos revestidos de carne, seremos incapaces de ver la majestad y el misterio del que somos en realidad. Pero un día se revelará.

Viene el día en el cual escucharemos la voz de Dios, y él nos llamará por un nombre desconocido para todos, menos para él. Será un nombre que nunca hemos oído, pero sabremos que es nuestro nombre. Es un nombre que nos fue dado antes de nuestro nacimiento, pero es un nombre que solo nos será revelado después de nuestra muerte. Ese nombre, nuestro verdadero nombre, revelará quiénes somos en realidad.

Viene el día en el cual escucharemos la voz de Dios, y él nos llamará por un nombre desconocido para todos, menos para él.

El que tenga oídos, que oiga lo que el Espíritu dice a las iglesias. Al que salga vencedor le daré del maná escondido, y le daré también una piedrecita blanca en la que está escrito un nombre nuevo que sólo conoce el que lo recibe.

—APOCALIPSIS 2:17

167

No es el número de veces que respiremos el que hará que valga la pena que estemos vivos. Es el número de cosas que nos dejarán sin respiración. En esos momentos sin respiración, nuestra alma se llena por completo de un asombro lleno de reverencia. Es como si el cielo invadiera la tierra y el tiempo se detuviera. Uno de mis momentos sin respiración más recientes fue cuando vi por vez primera el Gran Cañón del Colorado. Mi hijo Parker y yo entramos al Hospedaje del Gran Cañón, situado en su orilla norte, y el paisaje que se divisaba a través de la ventana panorámica de dos pisos de altura hizo que nos detuviéramos. La belleza tiene su manera de detener el minutero del reloj. Estuvimos contemplando el paisaje a través de aquella ventana durante un tiempo que nos pareció horas.

> El momento más grandioso de la eternidad va a ser el momento en que tus ojos contemplen a Cristo, el que murió por ti.

Yo creo que el cielo va a consistir en una cantidad incontable de momentos como aquel. Nuestros sentidos glorificados absorberán la gloria de Dios de una manera que no será terrenal. Veremos paisajes inspiradores antes imperceptibles para el ojo humano. Oiremos las voces de los ángeles en una octava previamente imperceptible para el oído humano. Hasta nuestro bulbo olfatorio glorificado detectará aromas que nos hará olvidar todos los rollos de canela junto a los cuales hemos pasado en los aeropuertos.

El momento más grandioso de la eternidad va a ser el momento en que tus ojos contemplen a Cristo, el que murió por ti. Pero en un segundo lugar muy cercano (si es posible que esos momentos eternos se puedan clasificar) estará el momento en que escuches a tu Padre celestial llamarte por vez primera por tu nuevo nombre. Será un nombre que nunca antes habrás escuchado, pero será como escuchar el nombre por el que te han llamado durante toda tu vida. Ese nombre hará que tenga sentido tu vida entera.

Todo el dolor.

Todo el gozo.

Todos los temores.

Todas las esperanzas.

Toda la confusión.

Todos los sueños.

En ese momento toda tu vida tendrá sentido, porque Dios te revelará quién eres realmente. Ese nuevo nombre captará la verdadera esencia de tu personalidad, y abarcará todo lo que te vas a convertir en la eternidad. Finalmente, la huella que hay en tu alma recibirá su verdadero nombre.

No estoy seguro de que otros padres luchen con esto tanto como yo tuve que luchar, pero una de las cosas más difíciles que he tenido que hacer ha sido ponerles nombre a mis hijos. Lora y yo sentíamos una gran presión en cuanto a este acto, nuestro primer acto oficial como padres. Y no les queríamos echar a perder la vida para siempre a nuestros hijos con unos nombres que no fueran los correctos. Los tres nombres que decidimos fueron Parker, Summer y Josiah. Dicho sea de paso, una gran cantidad de personas nos preguntan si nosotros recibimos la salvación entre la segunda hija y el tercero, porque solo usamos un nombre bíblico con el tercero. No. En caso de que te interese, Josiah habría podido llamarse Jonás, pero mientras Lora estaba dando a luz, yo tuve uno de esos momentos de «su nombre será».

Además de ponerles nombre a mis hijos, yo también les he puesto docenas de apodos a lo largo de los años. En realidad, estábamos preocupados de que Parker no supiera cuál era su nombre real, por la gran cantidad de apodos que había tenido. Entonces,

¿por qué les damos apodos? Yo creo que hay varias razones. Los diferentes apodos revelan dimensiones diferentes de sus personalidades. Revelan también dimensiones diferentes de nuestras relaciones con ellos. Pero lo más significativo de todo es que revelan lo que nosotros vemos en ellos. Cuando Jesús miraba a Simón, veía a Pedro. Así que lo llamó Piedra. Cuando miraba a Jacobo y a Juan, veía a los Hijos del Trueno. Esos nuevos nombres revelaban el potencial dado por Dios que él veía enterrados debajo de las personalidades de ellos. De igual manera, Dios te ve a ti, el verdadero tú. Ve quién tenía en mente que llegaras a ser cuando te creó. Y el nombre exclusivo que tiene para cada uno de nosotros es su manera de llamarnos a nuestros verdaderos destinos. No estoy seguro de cómo va a ser esto posible, pero ese nuevo nombre va a captar todas las dimensiones de la persona que somos. Tal vez sea un nombre realmente largo, o tal vez estará lleno de guiones. ¿Quién sabe? ¡Pero va a ser grandioso el momento en el cual oigamos que nuestro Padre celestial pronuncie por vez primera nuestro nuevo nombre! Esa piedra blanca se convertirá en nuestra posesión más preciada, porque revelará quiénes somos ante los ojos de nuestro omnisciente Creador.

Pero no es aquí donde termina la historia.

Por amor a David

Las generaciones habían venido y también se habían ido. David era un recuerdo distante. Y la inscripción grabada en su lápida se estaba desvaneciendo. Pero su legado seguía estando en perfecto estado. Más de cinco décadas después de su muerte, Dios puso a Asa, el hijo de Abías, como rey de Judá. Pero no lo puso en ese cargo porque su padre Abías hubiera sido justo. De hecho, Abías había actuado mal ante los ojos del Señor.

No obstante, por consideración a David, el SEÑOR su Dios mantuvo la lámpara de David encendida en Jerusalén, y le dio un hijo que lo sucediera, para fortalecer así a Jerusalén. Porque David había hecho lo que agrada al SEÑOR.

—1 REYES 15:4-5

¿Lo captaste? ¿Por qué puso Dios a Asa como rey de Judá? No era por amor a él. Lo hizo por una razón; solamente una: «por amor a David».

No estoy seguro de que podamos ni siquiera captar lo profunda que es esta afirmación, pero lo que implica es incalculable. Algunas veces, las bendiciones de las que disfrutamos no son un producto secundario de algo que nosotros hayamos hecho. A veces, son producto secundario de la fidelidad de alguien en las generaciones pasadas. Y la fidelidad de esa persona recoge bendiciones décadas después que esa persona ha fallecido.

Ciertamente, así ha sucedido en mi vida. Tuve unos abuelos que oraban por mí, y sus oraciones siguieron viviendo después de muertos ellos. Mi abuelo no oía bien. Por la noche se quitaba el aparato para oír, se arrodillaba junto a su cama y oraba por sus nietos. Él no se podía oír a sí mismo, pero todos los demás que estaban en la casa sí podían. Entre los momentos de mi vida que me han hecho sentir más humilde están esos momentos en los que el Espíritu de Dios me ha dicho a mi espíritu: *en este mismo momento son contestadas las oraciones de tus abuelos en tu vida*. Esos momentos son decisivos.

Así he llegado a darme cuenta de que mi destino se halla inextricablemente enlazado al legado de mis padres y de mis abuelos. Y mi legado influirá en el destino de mis hijos, mis nietos y mis biznietos.

¿Te asusta una posibilidad como esta, porque sabes cómo ha sido tu familia? No te debería asustar. Si eres hijo de Dios, formas parte de su familia. Tu destino es el legado de Jesucristo. En el momento en que depositaste tu fe en Cristo, comenzaste un nuevo capítulo; un capítulo que nunca terminará. Y responderás a un nuevo nombre. Tienes derecho a reclamar todas las promesas de Dios. Y todas las maldiciones, tanto generacionales como espirituales, han quedado rotas. Dicho en pocas palabras: no tienes por qué cometer los mismos errores que cometieron tus padres. Y para que conste, Asa no los cometió. A diferencia de su padre, pero a semejanza de David, que era su tatarabuelo, hizo lo justo ante los ojos del Señor.

Tu destino es tu legado. Heredas de tus antepasados un legado. Forma parte de tus derechos de nacimiento. Y dejas un legado para tus descendientes. Es parte de la herencia que dejas tras de ti. David sirvió a los propósitos de Dios en su propia generación, pero hizo más que eso. También dejó un legado para las generaciones venideras, y en ese legado se incluye Jesucristo, el Hijo de David. Dicho sea de paso, esa es una de mis motivaciones primordiales como escritor. No se trata solamente de mi destino. Es parte de mi legado. Para bien o para mal, mis biznietos conocerán a su bisabuelo porque les estoy dejando un legado en forma escrita. Pero por supuesto, no necesitas escribir un libro para dejar un legado. Todo lo que tienes que hacer es realizar tu destino, que es único. Y cuando lo hagas, ese destino tuyo se convierte en tu legado.

Mi suegro, Bob Schmidgall, pastoreó la Iglesia Calvary en Naperville, Illinois, durante más de treinta años. Y si tuviera que hacer un resumen sobre él de alguna manera, sería la siguiente: tenía un amor inmenso por las misiones. Nunca he conocido a nadie que se sintiera más consumido con las misiones mundiales. Y porque así era en vida, parecía que así debía ser también en su muerte. En lugar de flores, a los que asistieron a su funeral se les

CLAUSURA: **La piedra blanca**

exhortó a dar una ofrenda para las misiones. Entonces, más de un año después de su funeral, toda nuestra familia voló hasta Etiopía para visitar una iglesia de diez mil miembros que mi suegro había ayudado a fundar unos cuantos años antes. Con lágrimas en los ojos, le presentamos al pastor de aquella iglesia, Betta Mengistu, el dinero que las personas habían donado en el funeral. Y él, también con lágrimas, lo recibió. Ese recuerdo también ha quedado clasificado como uno de los momentos decisivos de mi vida. ¡Me di cuenta de que mi suegro, mucho tiempo después de su muerte, aún seguía ofrendando para las misiones! Su destino se había convertido en un legado. Y ese legado va más allá de las finanzas.

Nuestro pastor ejecutivo, mi cuñado Joel Schmidgall, está viviendo ese legado de su padre. Tiene el mismo amor inmenso que tenía su padre por las misiones. Y ha sido el gran defensor de las misiones en la National Community Church. Este año hemos hecho una docena de viajes misioneros. ¡Y soñamos con los tiempos en que vamos a estar haciendo cincuenta y dos viajes! Imagínate el impacto

El proceso de descubrirte a ti mismo te revela *cómo* vas a ser recordado.

que significa que los equipos misioneros vengan y vayan cada semana del año. También dimos más de medio millón de dólares a las misiones el año pasado. Y nuestra visión como iglesia no se limita a tener veinte locales. El motor que nos impulsa es el de estar dando dos millones de dólares anuales para las misiones en el año 2020. No queremos crecer más, solamente por crecer más. Queremos crecer más para poder dar más. Ese es nuestro destino como iglesia, pero es también nuestro legado como familia. Y ese legado es nuestro destino.

El próximo capítulo

El proceso de descubrirte a ti mismo te revela otras cosas además de tu destino. Te revela tu legado. Te revela más de lo que puedas recordar. También te revela *cómo* vas a ser recordado. Y ese proceso no es pasivo. En última instancia, tu destino es determinado por tus decisiones. Son tus acciones y reacciones las que te definen. Así que no hagas el papel de víctima. Sé el vencedor. Al fin y al cabo, eso es lo que eres en Cristo. Lo incorrecto que hayas hecho no es lo que te define. Lo que Cristo hizo bien, su justicia, es lo que te redefine. Y es tanto tu destino como su legado.

> Lo incorrecto que hayas hecho no es lo que te define. Lo que Cristo hizo bien, su justicia, es lo que te redefine.

En cada vida llega un momento en el cual tenemos la oportunidad de dar un paso hacia nuestro destino. Este es ese momento. Le pido al Señor que el último capítulo de este libro sea el comienzo del próximo capítulo de tu vida. ¿Cómo comienza? Sentándote ante el Señor para hacerle esta pregunta: *¿quién soy yo?* Aquí comenzará todo tu proceso. Y ese proceso de descubrimiento de ti mismo continuará a lo largo de toda la eternidad.

Permite que comience hoy mismo.

Preguntas para discusión

Porque somos hechura suya, creados en Cristo Jesús para buenas obras, las cuales Dios preparó de antemano para que anduviésemos en ellas.

—Efesios 2:10

Yo tengo un inmenso respeto por las personas que están dispuestas a hacer el arduo trabajo de descubrir cómo las hizo Dios, y dónde quiere él que vayan en esta vida. El descubrimiento de nuestra propia identidad no es fácil. ¡Sin embargo, la realización de nuestro verdadero destino hace que todo este proceso valga la pena!

Para ayudarte en tu propio proceso de descubrimiento de ti mismo, he creado esta herramienta que está llena de resúmenes de las ideas clave que aparecen en el libro y de preguntas que te van a hacer pensar. Si lo prefieres, medita en estas preguntas por tu propia cuenta. O mejor aún, reúnete con otros arqueólogos en busca de la huella que hay en nuestras almas, y hablen acerca de las preguntas.

Me emociona pensar lo que Dios te puede mostrar, y puede hacer en ti, por medio de tu indagación sobre la forma en que él te hizo. El potencial es infinito. Recuerda que eres su obra maestra, un original único en tu clase, y que él no ha acabado aún de perfeccionarte.

Apertura: Tu destino divino

Con demasiada frecuencia, nuestra verdadera identidad queda sepultada detrás de los errores que hemos cometido, las inseguridades que hemos adquirido y las mentiras que hemos creído. Pero podemos regresar a nuestra verdadera identidad y a nuestro verdadero destino —la huella impresa en nuestra alma— si estamos dispuestos a pasar por un proceso de descubrimiento de nosotros mismos. Con el tiempo, comenzaremos a vernos como obras maestras de Dios. Nos veremos en su imagen. Y paradójicamente, vernos conformados a la imagen de Cristo también significará vernos como únicos. No hay nadie más que sea igual a ti, y no hay nadie más que sea igual a mí. Y ser fieles a nosotros mismos y fieles a Dios nos capacita para escapar de los remordimientos y hallar la realización.

Preguntas para discusión o reflexión

1. ¿Cuál es la frase que describe mejor el punto en que te encuentras ahora dentro de tu proceso de descubrimiento de ti mismo?
   - al frente, tratando de descubrir quién soy
   - al final, tratando de recordar quién habría debido ser
   - en algún punto medio, tratando de cerrar el abismo entre el que soy y el que quiero ser (opcional) Actividad en grupo sobre *Tu destino divino*: comparte unas cuantas fotos tuyas tomadas a lo largo de los años, y habla de cómo has ido cambiando, tanto interior como exteriormente.

*El momento decisivo #1 de David: rechazar la armadura del rey Saúl y preferir unas piedras para su honda. Lee 1 Samuel 17 (versículos clave: 38–40).

2. Cuando piensas en la decisión que David tuvo que tomar
—adoptar la armadura de otro hombre, o usar su propia arma,
con la cual estaba familiarizado—, ¿qué decisión de tu propia
vida te recuerda esta situación?

_____

_____

_____

_____

3. ¿Tienes algún talento del que no están conscientes los demás?
¿Alguna idiosincrasia? ¿Una experiencia que tal vez los demás
desconozcan? Descríbelos.

_____

_____

_____

_____

4. Cuando piensas en el carácter de Cristo, ¿qué adjetivos te vie-
nen a la mente? (Ejemplos: *compasivo, resuelto.*) ¿Cuáles de esos
adjetivos describen tu propio carácter?

_____

_____

_____

5. ¿Qué tenía Dios en mente que realizaras en la vida cuando te
diseñó? ¿En qué punto estás dentro del cumplimiento de ese
destino?

_____

_____

_____

Escena I: Una santa seguridad

¿A quién le gustan los retrasos y las desilusiones? a nadie. pero, ¿qué pasaría si los comenzáramos a considerar como oportunidades para que la huella de nuestra alma se forme más completamente en nosotros? dios tiene la manera de usar lo que nosotros percibimos como desventaja para refnarnos y redefnirnos. por eso necesitamos dejar de poner nuestra seguridad en las cosas que pensamos que podemos controlar. Y necesitamos comenzar a poner esa seguridad —una santa seguridad— en lo que dios está haciendo, por doloroso que sea a corto plazo. de esta manera, nuestras desilusiones se convierten en citas divinas, y desarrollamos una invencibilidad interna.

Preguntas para discusión o reflexión

El momento decisivo #2 de David: usar sus habilidades con el arpa y con la honda de una nueva manera. Lee 1 Samuel 16—17 (versículos clave: 16:14–23 y 17:34–37).

1. Imagínate que eres transportado al pasado hasta la ladera de una colina cerca de Belén, y le dijeras al pastorcito David: «¿Sabes una cosa? Un día vas a usar tu arpa para calmar al rey, y la honda para matar al enemigo más temible de Israel». ¿Qué piensas que te respondería él?

   _____

   _____

   _____

   _____

2. Menciona una habilidad compensatoria que hayas desarrollado; algo que has aprendido a hacer para compensar una desventaja.

¿Cómo ayuda esta habilidad compensatoria a revelar tu identidad y tu destino?

_____

_____

3. Recuerda en tu pasado una manera en que Dios tomó un retraso, una desilusión o una desventaja, y los usó en tu vida para el bien.
   * ¿Cómo cultivó tu carácter *o...*
   * desarrolló uno de tus dones *o...*
   * te enseñó una lección que no habrías podido aprender de ninguna otra forma?

   (opcional) Actividad en grupo sobre *Tu destino divino*: toma una hoja de papel y dibuja una docena más o menos de puntos en ella, poniendo junto a cada punto un letrero que identifique un momento decisivo (bueno o malo) de tu vida. Comparte lo que has hecho con los demás del grupo y habla de lo que este juego de unir los puntos revela acerca de la huella en tu alma.

4. ¿Dirías que estás creciendo en tu capacidad para confiar en Dios en los puntos difíciles de tu vida? Si así es, ¿cómo?

_____

_____

_____

5. ¿Qué cosas que percibes como desventajas en tu vida en estos mismos momentos parecen estarte sirviendo de obstáculos? ¿Cómo los podría usar Dios para ayudarte a realizar el destino que él tiene en mente para ti?

_____

_____

_____

Escena II: Los símbolos de la vida

El pasado es importante. Y por eso tiene importancia que creemos memoriales de nuestros recuerdos —símbolos de la vida— para seguir recordando los sucesos de importancia que han formado lo que somos y aquello en lo que nos estamos convirtiendo. dios nos ayudará a escoger qué debemos recordar, y nos enseñará cómo darles a esas cosas el signifcado correcto. nuestros símbolos de vida se convertirán entonces en poderosos medios de conectar nuestra identidad con nuestro destino.

Preguntas para discusión o reflexión

1. Si es cierto que la combinación de nuestros recuerdos nos hace quienes somos, como afirma este capítulo, entonces ¿quién eres tú?

    _____

    _____

    _____

    _____

    _____

2. ¿Eres de esa clase de personas que tienden a pensar mucho en el pasado, tal vez observando aniversarios especiales, o utilizando fotografías para ayudar a nuestra memoria, o mayormente te mantienes centrado en el presente o en el futuro? ¿Por qué crees que eres así?

    _____

    _____

    _____

    _____

    _____

El momento decisivo #3 de David: matar a Goliat y conservar su cota de malla. Vuelve a leer 1 Samuel 17 (versículos clave: 51–54).

3. En los meses y años que siguieron a su victoria sobre Goliat, ¿qué recuerdos le venían a la mente a David cuando veía la cota de malla del gigante?

   _____

   _____

   _____

   _____

   _____

4. (opcional) Actividad en grupo sobre *Tu destino divino*: presenta y explica uno o más de los objetos que se encuentran entre tus recuerdos más preciados, indicando por qué son tan significativos para ti.

   _____

   _____

   _____

   _____

   _____

5. ¿Qué clase de manejo de la memoria necesitas hacer para moverte hacia el destino que te tiene preparado Dios? ¿Cuáles sucesos del pasado necesitas comenzar a recordar, o a dejar de recordar tanto, o a reinterpretar?

   _____

   _____

   _____

   _____

   _____

6. Cuando piensas acerca de los primeros recuerdos que tienes de tu vida, ¿cuál es el que más se destaca? ¿Qué piensas que significa la frase de Alfred Adler «Y así es la vida» cuando se aplica a este recuerdo?

_____

_____

_____

_____

_____

7. ¿Qué símbolos o recuerdos palpables podrías usar para recordarte a ti mismo alguno de los momentos decisivos de tu vida?

_____

_____

_____

_____

_____

Escena III: Los riscos de las cabras monteses

Nosotros tenemos tendencia a pensar que lo más importante de todo es *lo que hacemos* en la vida. En cambio, para Dios, *aquel en quien nos convertimos* es mucho más importante. Esto significa que una gran parte de la huella que llevamos en el alma es cuestión de carácter. Necesitamos tener integridad. No podemos tomar atajos, porque si lo hacemos, estaremos haciendo un cortocircuito en el plan de Dios para nuestra vida. Él nos ha dado una conciencia y una fuerza de voluntad para escoger lo correcto. Cuando lo obedecemos y vivimos con integridad, no recibiremos todos esos elogios del mundo que tanto anhelamos recibir, pero haremos algo que importa mucho más: le daremos la gloria a Dios.

Preguntas para discusión o reflexión

(opcional) Actividad en grupo sobre *Tu destino divino*: pídales a todos los miembros del grupo que escriban en un papel su respuesta a la siguiente pregunta: si te tuvieras que describir a ti mismo con una sola palabra, ¿cuál sería? Mezcle los papeles y vea después si el grupo puede adivinar quién fue el que escribió cada palabra.

1. ¿Cuánta fuerza dirías que tiene tu afán por conseguir la atención y los elogios de las demás personas?
   - Es muy fuerte
   - Es bastante fuerte
   - No es particularmente fuerte
     Da un ejemplo sobre la forma en que tu anhelo de sentirte aprobado por los demás haya amenazado alguna vez a tu integridad.

*El momento decisivo #4 de David: cuando le perdonó la vida al rey Saúl. Lee 1 Samuel 24 (versículos clave: 3–7).

2. ¿Qué principio ético estuvo tentado David a violar aquí? ¿Por qué fue tan importante su integridad en esta cuestión

_____

_____

_____

_____

3. Da un ejemplo de cómo un fallo en su integridad descarrió el progreso de alguien hacia la visión que Dios tenía para su vida.

_____

_____

_____

_____

4. ¿Alguna vez has tenido que escoger entre ofender a alguien y ofender a Dios? Si te ha sucedido, describe la situación.

_____

_____

_____

_____

5. ¿Qué conexión ves entre la humildad y la integridad?

_____

_____

_____

_____

6. Ahora mismo (si estás dispuesto a hablar de este asunto), ¿cuál es el aspecto en el que más estás luchando con tu integridad? Si fallas, ¿qué daño te va a hacer ese fallo? Si triunfas, ¿cuál será el beneficio que te proporcionará ese triunfo?

_____

_____

_____

Escena IV: Mi áltergo

A nadie le agrada que le hagan pasar una vergüenza. sin embargo, no hay nada como la vergüenza para librarnos de la carga que signifca el fngimiento. si queremos conocer la huella que hay en nuestra alma, necesitamos aceptar esa vergüenza. Es decir, necesitamos estar dispuestos a que nos despojen de las falsedades en las que encontramos nuestra identidad. al fn y al cabo, es mucho mejor que encontremos nuestra identidad en cristo, y no en alguna imagen que nos hayamos creado laboriosamente para que sea la que vea el mundo. Y por eso necesitamos aceptar la incomodidad de hacer la voluntad de Dios. Entonces él a su vez revestirá nuestra embarazosa desnudez espiritual con la capa de su identidad.

Preguntas para discusión o reflexión

1. Relata uno de los momentos más embarazosos de tu vida (que estés dispuesto a relatar). Cuando recuerdas aquella experiencia, ¿qué te muestra acerca de la forma en que habías estado proyectando una imagen falsa de ti mismo ante los demás?

_____

_____

_____

_____

_____

_____

_____

El momento decisivo #5 de David: cuando danzó delante del arca del pacto. Lee 1 Samuel 6 (versículos clave: 12–16, 20–22).

2. ¿Qué admiras en David cuando analizas este incidente de su vida?

    _____

    _____

    _____

    _____

    _____

3. Describe alguien que tú conozcas, y cuyo gozo en el Señor carente de inhibiciones te inspire respeto.

    _____

    _____

    _____

    _____

    _____

4. La mayoría de los cristianos estarían de acuerdo en decir que es importante «encontrar nuestra propia identidad en Cristo». Sin embargo, en realidad, ¿cómo se hace esto?

    _____

    _____

    _____

    _____

5. ¿De qué forma te parece que Dios te pueda estar llamando a aceptar la incomodidad o la vergüenza en estos mismos momentos? ¿Cómo piensas que te ayudará en tu propio proceso de descubrimiento de ti mismo?

    _____

    _____

    _____

    _____

    _____

Escena V: El taller del diablo

Otra parte de este descubrimiento de la huella que hay en nuestra alma consiste en enfrentarnos a nuestra pecaminosidad. vamos a mirarnos al espejo de manera larga y detenida, para admitir nuestros pecados ante nosotros mismos y ante dios, porque solo entonces él podrá comenzar a echar de nuevo los cimientos de nuestra vida. una clave importante para hacer esto es permitir que alguna otra persona sea nuestro profeta, y nos diga cómo somos en realidad. Y una clave más importante aun consiste en permitir que las Escrituras te sirvan de espejo, comparando y contrastando tu conducta con los mandamientos de dios. Entonces, cuando confeses tu pecado, tus errores del pasado ya no te defnirán. la que te defnirá es la justicia de cristo.

Preguntas para discusión o reflexión

El momento decisivo #6 de David: quedarse en su casa en lugar de ir a la batalla y pecar con Betsabé. Lee 2 Samuel 11–12 (versículos clave: 11:1–4 y 12:7, 13).

1. ¿Cuál de las dos cosas te parece más notable, y por qué?
   - Que David se rebajara a cometer adulterio y asesinato
   - Que aceptara inmediatamente con humildad la condenación del profeta
2. Presenta un ejemplo de algún momento en el cual el aburrimiento o la ociosidad te hayan llevado a pecar.

---

3. ¿Qué convierte el hecho de ignorar nuestro propio pecado en un obstáculo para vivir la identidad que te ha dado Dios?

_____

_____

_____

_____

4. ¿Cuándo ha actuado alguien como profeta para ti, ayudándote a reconocer o admitir tu propio pecado? Describe la situación. ¿Cómo te sientes ante la posibilidad de actuar como profeta de esta forma a favor de otras personas?

_____

_____

_____

_____

5. Describe un momento en el cual las Escrituras te dieron convicción de haber hecho algo incorrecto.

_____

_____

_____

_____

6. La idea central de este capítulo es que no tienes por qué dejar que te defina tu pecado; puedes ser definido por la justicia de Cristo. ¿En qué sentido necesitas aplicar esta idea a tu vida en el presente? (opcional) Actividad en grupo sobre *Tu destino divino*: lean en voz alta por turno un versículo del Salmo 51 que exprese algo que están sintiendo ahora mismo, o algo que le quieran decir a Dios.

_____

_____

_____

_____

Clausura: La piedra blanca

El proceso de descubrimiento de sí mismo comienza cuando le preguntamos a dios: *¿quién soy yo?*, porque el verdadero descubrimiento de sí mismo solo se produce ante la presencia de Dios. Y cuando reconocemos nuestra exclusividad como un don de Dios, esto nos lleva a una vida, no de orgullo egoísta, sino de adoración a Dios. Un día, él le dará a cada uno de nosotros un nombre que va a captar la verdadera esencia de la persona que somos y de la persona en que nos convertiremos en la eternidad. Mientras tanto, debemos reconocer que la realización de la huella de nuestra alma se convierte tanto en nuestro destino, como en el legado que les dejamos a los que vengan después de nosotros.

Preguntas para discusión o reflexión

1. ¿Qué te han dicho algunas de las personas clave de tu vida acerca de quién eres? ¿Cómo podrían estar de acuerdo o en desacuerdo sus mensajes con aquel que Dios dice que eres?

   _____

   _____

   _____

   _____

   _____

2. ¿Alguna vez has acudido a Dios para pedirle que te instruya en cuanto a quién eres en realidad? Si lo has hecho, ¿qué has aprendido al hacerlo?

   _____

   _____

   _____

   _____

3. ¿En qué sentido tienes la capacidad de adorar a Dios de una manera diferente a como lo adoran los demás (definiendo la «adoración» de la forma más amplia posible, como una vida que le da la gloria a Dios)?

_____

_____

_____

_____

El momento decisivo #7 de David: recibir de Dios la promesa de que establecería su casa. Lee 2 Samuel 7 (versículos clave: 18–21).

4. ¿Qué crees que aprendió David en el transcurso de su vida en cuanto a quién tenía en mente Dios que él fuera cuando lo creó?

_____

_____

_____

_____

5. ¿Cómo has llegado a comprender mejor tu identidad durante la lectura de *Tu destino divino*? ¿Cómo has llegado a comprender mejor tu destino? ¿Qué trabajo te falta aún por realizar en la reclamación de la huella que hay en tu alma?

_____

_____

_____

_____

6. ¿Qué legado te dejaron tus padres o tus abuelos?

7. Si murieras hoy, ¿qué clase de legado les estarías dejando a las generaciones futuras? En contraste con esto, ¿qué clase de legado te agradaría dejar, y qué dice esto acerca de tu necesidad de comprender y realizar mejor la huella que hay en tu alma? (opcional) Actividad en grupo sobre *Tu destino divino*: váyanse turnando para «darse unos a otros un nuevo nombre», identificando aquellos versículos de las Escrituras que ven representados en la vida de aquellos a quienes les dan ese nombre nuevo.

PRIMITIVO:
BUSCANDO EL ESPÍRITU PERDIDO
DEL CRISTIANISMO

Dos mil escalones

Cuanto más lejos mires hacia atrás, probablemente más lejos podrás ver el futuro.

—Winston Churchill

Subimos a un ómnibus de dos pisos y nos dirigimos hacia el corazón de Roma. Lora y yo nos habíamos pasado un año planificando el viaje, pero nada lo prepara a uno para estar parado en el mismo lugar desde el cual los Césares gobernaron un imperio y los gladiadores pelearon hasta morir. Cuando caminábamos por la Vía Sacra, lo hacíamos sobre las mismas piedras que habían permanecido allí durante dos mil años, y sobre las cuales habían marchado los ejércitos vencedores. Por supuesto, me imagino que no estarían comiendo paletas de helado. Nuestros tres días en la Ciudad Eterna pasaron con excesiva rapidez. Y yo habría querido que esperáramos hasta nuestro decimoquinto aniversario de bodas para hacer el viaje.

En la tierra existen pocos lugares tan históricos o románticos como Roma. Disfrutamos grandemente mientras caminábamos por aquellas calles antiguas, observábamos a las personas en las piazzas y comíamos sin prisas en los cafés que había en las aceras. Y como buenos turistas, también acudimos a todos los puntos de destino que según el manual del viajero eran de visita obligatoria. Lanzamos centavos por encima del hombro en la fuente de Trevi, disfrutamos de un concierto sin altavoces tocado por un guitarrista con su guitarra eléctrica en las afueras del Coliseo en una noche iluminada por la luna, e hicimos un recorrido de tres horas por la Basílica de San Pedro. Y todos aquellos sitios estuvieron a la altura de la clasificación que les daba el manual del viajero. Pero uno de los puntos más destacados e inesperados de nuestro viaje fue una visita no programada a una iglesia más bien poco atractiva, situada fuera de los recorridos que hacía todo el mundo. No aparecía nada sobre ella en nuestras guías de viaje. Y si no hubiera estado detrás de la esquina de nuestro hotel, nunca la habríamos descubierto. La iglesia de San Clemente recibió su nombre del cuarto Papa, el cual fue martirizado por su fe. Según la leyenda, le ataron anclas a los tobillos y lo lanzaron al mar Negro. Desde fuera, la iglesia daba la impresión de haber sufrido los embates de la intemperie y el tiempo. En cambio, los frescos, las estatuas y los altares que había en su interior estaban notablemente bien conservados. Exploramos en silencio todos los rincones de aquella iglesia construida en el siglo doce. Entonces descubrimos que por cinco euros más, podíamos hacer un recorrido bajo tierra. Como sucedía con muchas de las ruinas que visitamos en Roma, había varios niveles de historia en el mismo lugar. Los romanos tenían el hábito de construir las cosas encima de otras cosas anteriores. Por ejemplo, algunos emperadores echaban abajo el palacio de su predecesor para edificar su propio palacio allí mismo, encima de él. Eso era lo que había sucedido con la iglesia de San Clemente. La iglesia del siglo doce estaba construida encima de una iglesia del siglo cuarto. Y debajo de la iglesia del siglo cuarto había unas catacumbas donde los cristianos del siglo segundo adoraban en secreto a Dios antes de que Constantino legalizara el cristianismo en el año 313.

Nunca olvidaré mi bajada por aquel tramo de escaleras. El aire se volvió húmedo, y podíamos oír manantiales subterráneos. Tuvimos que ir con mucho cuidado de escalón en escalón, porque perdimos alguna luz. Y nuestras voces hacían eco en el bajo techo y el estrecho pasillo. Casi como el armario de las Crónicas de Narnia, aquel tramo de escaleras era una especie de portal que nos llevaba a unos tiempos distintos y a un lugar distinto. Era como si aquellos escalones nos llevaran de regreso a dos mil años atrás. Con cada paso que dábamos, pasábamos por otra capa más de la historia, hasta que todo lo que quedó fue el cristianismo en toda su gloria primitiva.

Mientras recorríamos aquellas claustrofóbicas catacumbas, me sentí abrumado por el hecho de hallarme en un lugar donde mis antepasados espirituales lo arriesgaban todo, incluso su vida, para adorar a Dios. Y sentí una profunda mezcla de gratitud y convicción. Yo vivo en un país del primer mundo, y en el siglo veintiuno. Y estoy agradecido por las libertades y las bendiciones de las que disfruto por vivir en el lugar y el momento en los que vivo. Pero cuando estás en una antigua catacumba, las comodidades de las que disfrutas te hacen sentir incómodo. Las cosas de las que te quejas te producen convicción. Y algunos de los sacrificios que has hecho por la causa de Cristo, tal vez ni calificaran como tales bajo una definición sacada del siglo segundo.

Mientras trataba de absorber lo significativo que era el lugar donde estaba, no pude menos que preguntarme si nuestra generación no habrá olvidado por conveniencia lo inconveniente que puede ser el seguir los pasos de Cristo. No pude menos que preguntarme si no habremos diluido las verdades del cristianismo para conformarnos con superficialidades. No pude menos que preguntarme si no habremos aceptado una forma de cristianismo que es más educada, pero menos poderosa; más civilizada, pero menos compasiva; más aceptable, pero menos auténtica que la practicada por nuestros antepasados espirituales.

> No pude menos que preguntarme si no habremos aceptado una forma de cristianismo que es más educada, pero menos poderosa.

Durante estos últimos dos mil años, el cristianismo ha evolucionado de muchas maneras. Hemos salido de las catacumbas y construido majestuosas catedrales llenas de campanas y campanarios. Los teólogos nos han dado credos y cánones. Las iglesias han añadido las bancas y los púlpitos, los himnarios y los órganos, los comités y las liturgias. Y no hay nada que sea inherentemente malo en ninguna de esas cosas. Pero ninguna de ellas es primitiva. Y me pregunto, casi como la costumbre romana de edificar unas cosas encima de otras, si los estratos acumulados de tradiciones e instituciones cristianas no habrán oscurecido sin pretenderlo aquello que se encuentra debajo de ellos.

No estoy sugiriendo que desechemos de manera categórica todas esas evoluciones como contrarias a las Escrituras. La mayoría de ellas, sencillamente, no son bíblicas. No hay precedentes para ellas en las Escrituras, pero no contradicen los principios bíblicos tampoco. Ciertamente, no estoy calificando de demoníacas las formas posmodernas de adoración. Al fin y al cabo, la verdad se debe volver a encarnar en cada cultura y en cada generación. Y a mí personalmente me mueve la convicción de que hay maneras de hacer iglesia en las que nadie ha pensado aún. Pero dos mil años de historia suscitan esta pregunta: Cuando se eliminan todas las superficialidades, ¿cuál es la esencia primitiva del cristianismo?

> No pude menos que preguntarme si no habremos aceptado una forma de cristianismo más civilizada, pero menos compasiva

En las páginas que siguen, quiero que desciendas conmigo por ese tramo de escalones. Quiero que vayamos bajo tierra. Quiero que regresemos en el tiempo. Considéralo como una búsqueda del alma perdida del cristianismo. Y cuando llegues a la última página, tengo la esperanza de que hayas hecho más que limitarte a redescubrir el cristianismo en su forma más primitiva. Tengo la esperanza de que hayas vuelto a la fe primitiva que tuviste un día. O por hablar con mayor precisión, la fe primitiva que un día te tuvo a ti.

El lado lejano de la complejidad

Mis hijos están en esa etapa de su recorrido por las matemáticas en la cual están aprendiendo lo que son los números primos. Eso significa que, por ser su padre, estoy volviendo a aprender lo que son los números primos (junto con todos los demás conceptos de matemáticas que había olvidado hace ya mucho tiempo). Un número primo es un número que solo es divisible por sí mismo y por el número uno. Y aunque existe una infinidad de números primos, el único número primo que es par es el número dos.

Hay ciertas verdades que reúnen los requisitos de verdades primas. Los cristianos que creemos en la Biblia, tememos a Dios y amamos a Cristo, no estaremos de acuerdo en una amplia variedad de cuestiones doctrinales hasta que regrese Jesús, ya sea que suceda pre- o pos-tribulación. Por eso tenemos centenares de denominaciones diferentes. En cambio, las verdades primas tienen la cualidad de ser indivisibles. Y por encima de todas ellas, la única verdad prima que es par, es lo que Jesús llamó el más importante de los mandamientos. Nosotros lo llamamos el Gran Mandamiento. También se podría llamar el Mandamiento Primitivo, debido a que es el primero en importancia:

«Ama al Señor tu Dios con todo tu corazón, con toda tu alma, con toda tu mente y con todas tus fuerzas».
—MARCOS 12:30

Jesús era un genio. Tenía la habilidad de simplificar verdades espirituales complejas de unas maneras inolvidables e irrefutables. Me temo que nosotros tendamos a hacer lo opuesto. Complicamos el cristianismo. Esa tendencia religiosa a hacer excesivamente complicadas unas verdades espirituales sencillas se remonta a los tiempos de una secta del judaísmo conocida como la secta de los fariseos. A lo largo de centenares de años, los fariseos recopilaron unas minuciosas listas religiosas de las cosas permitidas y las no permitidas. Seiscientas trece, para ser exacto[1]. Jesús deshizo toda la lista con una sola declaración primitiva. Cuando nos desprendemos de todas las reglas y normas, de todas las tradiciones e instituciones, de todas las liturgias y metodologías, lo que nos queda es el Gran Mandamiento, que es el cristianismo en su forma más primitiva.

Suena demasiado sencillo, ¿no es así? Ojalá fuera tan sencillo como parece.

Oliver Wendell Holmes, quien presidiera el Tribunal Supremo de Justicia, hizo en una ocasión una penetrante distinción entre dos formas de sencillez: la sencillez situada en el lado cercano a la complejidad y la sencillez situada en el lado lejano a la complejidad. Y dijo:

> Cuando nos desprendemos de todas las reglas y normas, lo que nos queda es el Gran Mandamiento, que es el cristianismo en su forma más primitiva.

«Yo no daría un centavo por una sencillez que estuviera en el lado cercano a la complejidad».

Muchos cristianos se conforman con la sencillez situada en el lado cercano a la complejidad. Su fe solo tiene la profundidad de su mente. Saben lo que creen, pero no saben por qué creen lo que creen. Su fe es frágil, porque nunca la han puesto a prueba, ni intelectual ni experimentalmente. Los cristianos del lado cercano nunca han estado en las catacumbas de la duda o el sufrimiento, de manera que cuando se tropiezan con los interrogantes de la vida para los cuales no tienen respuesta, o con unas experiencias que no pueden explicar, esto causa en ellos una crisis de fe. Para los cristianos del lado lejano, esos que han cumplido su tiempo en las catacumbas de las dudas y el sufrimiento, los interrogantes sin respuesta y las experiencias inexplicables en realidad resultan en una valoración mayor aún del misterio y la majestad de un Dios que no cabe dentro de las limitaciones lógicas del cerebro izquierdo. En cambio, los cristianos del lado cercano pierden su fe antes de haberla encontrado en realidad.

La sencillez situada en el lado cercano a la complejidad también tiene otro nombre: inmadurez espiritual. Y esa no es la clase de sencillez por la que estoy abogando. Dios nos llama a la sencillez situada en el lado lejano a la complejidad. De hecho, nos llama a la fe situada en el lado lejano a la duda, al gozo en el lado lejano a la angustia, y al amor en el lado lejano a la ira. Si es ese el caso, ¿cómo llegamos hasta allí? Bueno, no hay respuestas simples ni arreglos instantáneos. Llegar hasta allí comprende desaprender y volver a aprender todo lo que sabemos. Comprende el doloroso proceso de redescubrir y figurarnos de nuevo la esencia primitiva del cristianismo. Pero el resultado es una sencillez situada en el lado lejano a la complejidad. Y allí es donde este tramo de escalones nos llevará a tener el valor suficiente para entrar bajo tierra.

> **Muchos cristianos saben lo que creen, pero no saben por qué creen lo que creen.**

El problema primitivo

No es necesario afirmar que el cristianismo tiene un problema de percepción. En el centro mismo del problema se encuentra el simple hecho de que los cristianos somos más conocidos por aquello contra lo cual estamos, que por aquello a favor de lo cual estamos. Pero el verdadero problema no es de percepción. Los cristianos muchas veces señalamos enseguida lo que hay de malo en nuestra cultura. Y es cierto que necesitamos valentía moral para defender lo que es correcto, frente a lo que no lo es. Yo vivo en el bastión de la corrección política, donde es incorrecto decir que algo es incorrecto. Y eso es incorrecto. Si tenemos que escoger entre la corrección política y la corrección bíblica, tenemos el deber de escoger siempre la corrección bíblica. Pero antes de enfrentarnos a lo incorrecto en nuestra cultura, necesitamos ser lo suficientemente humildes, sinceros y valientes para arrepentirnos de lo que hay de incorrecto en nosotros mismos.

Yo pastoreo una iglesia en Washington DC que tiene cerca de un setenta por ciento de solteros con veintitantos años. Por desdicha, nuestra composición demográfica es una anomalía. En general, las personas de veintitantos años se están marchando de las iglesias en proporciones alarmantes. Según algunas estadísticas, el sesenta y uno por ciento de las personas de veintitantos años que crecieron en la iglesia se van a marchar de ella durante esa edad[2]. Y sentimos la tentación de hacer una pregunta: ¿Qué tiene de malo esta generación? Pero esa pregunta está equivocada. La pregunta correcta es esta: ¿Qué tiene de malo la iglesia?

> Si tenemos que escoger entre la corrección política y la corrección bíblica, tenemos el deber de escoger siempre la corrección bíblica.

Mi respuesta es sencillamente esta: No somos demasiado fabulosos en cuanto al Gran Mandamiento. En demasiadas ocasiones, no somos ni siquiera buenos en cuanto a él.

Yo creo que ese es nuestro problema primario. Esa es el alma perdida del cristianismo. Si Jesús nos dijo que amar a Dios con todo nuestro corazón, alma, mente y fuerzas es el mandamiento más importante de todos, entonces, ¿no se deduce lógicamente que debamos gastar una cantidad inmensa de tiempo y energía para comprenderlo y obedecerlo? No nos podemos permitir el quedarnos con ser simplemente buenos en cuanto al Gran Mandamiento. Tenemos que ser fabulosos en cuanto a lo que a él respecta.

La búsqueda del alma perdida del cristianismo comienza con el redescubrimiento de lo que significa amar a Dios con todo nuestro corazón, alma, mente y fuerzas. Jesús utilizó esas cuatro palabras caleidoscópicas para describir las cuatro dimensiones del amor. Y ciertamente, hay puntos comunes entre ellas. Es difícil saber dónde termina el amar a Dios con el corazón y comienza el amar a Dios con el alma. Sin embargo, una cosa sí es segura: no basta con amar a Dios de una sola manera. No basta amar a Dios solo con el corazón, o con el alma, la mente o nuestras fuerzas. Él nos llama; nos manda incluso, a amarle de las cuatro maneras. Imagínatelo como el amor elevado a la cuarta potencia.

De manera que la búsqueda comienza con el redescubrimiento. Pero termina con la reimaginación. Hay algunas verdades que se pueden deducir por medio de la lógica de la parte izquierda del cerebro. Otras son mejor inducidas por la vía de la imaginación de la parte derecha del cerebro. El amor se halla dentro de esta última categoría. Por consiguiente, lo que sigue no es una explicación estricta del Gran Mandamiento. Es una reimaginación de los cuatro elementos primitivos detallados por Jesús en el Gran Mandamiento:

El corazón del cristianismo es la compasión primitiva.
El alma del cristianismo es el asombro primitivo.
La mente del cristianismo es la curiosidad primitiva.
Y la fuerza del cristianismo es la energía primitiva.

La bajada por este tramo de escalones hacia el cristianismo primitivo causará convicción en algunos momentos, pero el resultado final será un amor renovado por Dios que estará lleno de una compasión genuina, un asombro infinito, una curiosidad insaciable y una energía sin límites. Menos que eso, no es suficiente. No solo no nos satisface, sino que es una infidelidad. La búsqueda no es completa mientras no tenga por resultado unas convicciones al estilo de las catacumbas que vayan más allá de toda lógica convencional. La meta es un amor tal que, como lo comprendieron nuestros antepasados espirituales, vale la pena vivir por él, y también morir por él.

El camino hacia delante

Mi propósito es llevarte a nuevos lugares intelectuales y espirituales, de manera que descubras nuevas maneras de amar a Dios. Pero también tengo la esperanza de que este libro te lleve de vuelta a un lugar primitivo en el cual Dios te amó y tú lo amaste. Y eso era todo lo que te importaba entonces.

He descubierto que cuando me pierdo en mi caminar espiritual, el camino hacia delante suele ser muchas veces un camino hacia atrás. Eso es lo que experimentamos cuando celebramos la Comunión, ¿no es así? La Comunión es un peregrinar de vuelta al pie de la cruz. Y regresar al lugar más primitivo nos ayuda a encontrar nuestro camino hacia delante. Así que, antes de ir adelante, permíteme animarte a que encuentres tu camino de regreso. Regresa a ese punto en el cual Dios te abrió los ojos y te quebrantó el corazón con la compasión por los demás. Regresa a ese lugar en el cual la gloria de Dios te inundó el alma y te dejó maravillado y sin habla. Regresa a ese lugar en el cual los pensamientos acerca de Dios te llenaban la mente con una santa curiosidad. Regresa a ese lugar donde un sueño procedente de Dios causaba que la adrenalina circulara de forma vertiginosa por todo tu cuerpo, y te llenara de una energía sobrenatural.

Cada año, todo el personal de nuestra iglesia peregrina a la Conferencia de Catalizadores, en Atlanta, Georgia. Durante una de las sesiones del año pasado, nuestro equipo estaba sentado en la platea alta del Gwinnett Center, escuchando a mi amigo Craig Groeschel, el pastor de LifeChurch.tv. Y esta fue la pregunta que él hizo: «¿Sientes el corazón destrozado por las mismas cosas que destrozan el corazón de Dios?».

Yo sentí una inmensa convicción cuando Craig hizo esa pregunta. Allí sentado en aquella platea, rodeado por doce mil líderes más, escuché el susurro del Espíritu Santo. El Espíritu le dijo a mi espíritu con su voz bondadosa, pero convincente: Mark, ¿qué le sucedió a aquel jovencito estudiante del colegio que solía recorrer de un lado para otro la platea de la capilla buscando mi rostro?

«¿Sientes el corazón destrozado por las mismas cosas que destrozan el corazón de Dios?».

Hay pocas cosas que deteste más o valore más que la convicción del Espíritu Santo. ¡Es tan dolorosa, pero tan necesaria al mismo tiempo! Y me siento muy agradecido de que Dios me ame lo suficiente para quebrantarme donde necesito ser quebrantado. ¿Me permites hacer una observación? No podemos escuchar solamente la mitad de lo que el Espíritu Santo nos dice. Todo va junto. Si no estás dispuesto a escuchar todo lo que él te quiere decir, no vas a oír nada de lo que te diga. Si te sales de la sintonía con su voz de convicción, tampoco oirás su voz de consuelo o de orientación. Cuando estaba sentado allí en aquella platea, el Espíritu Santo me recordó la abierta intensidad espiritual que había tenido en el pasado. Me reveló lo encallecido que se había vuelto mi corazón. Y comprendí que de alguna manera, había perdido mi alma mientras servía a Dios. Y eso me destrozó.

¿Sientes tú el corazón destrozado por las mismas cosas que destrozan el corazón de Dios?

Si no es así, necesitas arrepentirte. Y eso es lo que yo hice aquel día. Lo típico es que sea nuestro equipo el primero en llegar a la salida después de la última sesión de las conferencias porque, francamente, el primero que llega al restaurante es el que gana. Y teníamos reservaciones hechas en uno de mis restaurantes favoritos,

P. F. Chang's. Me encantan sus envueltos de lechuga y sus costillas asadas. Casi los podía probar. Pero no nos pudimos ir hasta terminar lo que Dios estaba haciendo en lo más profundo de nuestras almas. Así que retrasamos nuestra reservación, buscamos un cuarto de conferencias y pasamos algún tiempo llorando, confesando y orando en equipo. Creo que fuimos los últimos en marcharnos del auditorio.

En la providencia de Dios, yo tenía que hablar a la semana siguiente en mi alma máter, en Springfield, Missouri. Así que unos pocos días más tarde me encontraba en la platea de la capilla donde había pasado centenares de horas caminando de un lado para otro, buscando a Dios. Durante aquellos momentos de oración en esa platea fue cuando mi corazón se comenzó a quebrantar por las cosas que quebrantan el corazón de Dios. Fue allí donde Dios comenzó a moldear mi alma para que lo buscara. Fue allí donde Dios comenzó a llenar mi mente con ideas que me venían de él. Y fue en esa platea donde Dios me dio la energía que necesitaba, dándome una visión del tamaño suyo para mi vida.

> No podemos escuchar solamente la mitad de lo que el Espíritu Santo nos dice. Todo va junto.

Al regresar a la platea de aquella capilla quince años más tarde, comprendí que en muchos sentidos, me había convertido en un cristiano profesional pagado. Mi corazón no latía con tanta fuerza como en el pasado. El pulso no se me aceleraba en la presencia de Dios como lo había hecho antes. Así que Dios me trajo de vuelta a un lugar muy primitivo para mí. Y el Espíritu Santo me recordó amorosamente que el jovencito del colegio que tenía un corazón inmenso dedicado a Dios, seguía estando en algún lugar de mi interior. Yo sabía que recuperar lo que una vez había tenido significaba regresar a lo más básico. Significaba hacer lo que había hecho en el pasado. Significaba redescubrir y reimaginarme lo que significaba amar a Dios con todo el corazón, el alma, la mente y las fuerzas. Y en algún punto del camino, en mi búsqueda personal por mi alma perdida, la encontré. Subir aquellos escalones hacia la platea de aquella capilla era como descender los escalones que me llevaron hacia aquella antigua catacumba. Dios me devolvió la compasión, el asombro, la curiosidad y la energía que había tenido en el pasado, junto con una valoración mayor aún de lo que había perdido y vuelto a encontrar.

¿Hay alguna catacumba personal en algún lugar de tu pasado? ¿Un lugar donde tú te encontrabas con Dios, y él se encontraba contigo? ¿Un lugar donde tu corazón se quebrantaba de compasión? ¿Un lugar donde tu alma se llenaba de asombro? ¿Un lugar donde tu mente se llenaba de santa curiosidad? ¿Un lugar donde te llenaba de energía un sueño que Dios te había enviado? Tal vez se tratara de un sermón que se convirtió en algo más que un sermón. Dios hizo nacer algo sobrenatural en tu Espíritu. Tal vez fuera un viaje misionero, o un retiro. Y prometiste que nunca volverías a ser el mismo de antes. O tal vez fuera un sueño, o un voto, o una decisión que tomaste ante un altar. Pido en mi oración que este libro te haga descender dos mil escalones de vuelta a aquel lugar primitivo; el lugar donde todo lo que importa es amar a Dios con todo tu corazón, tu alma, tu mente y tus fuerzas.

La búsqueda del alma perdida del cristianismo comienza allí.

Notas

Apertura: Tu destino divino
1. Meg Greenfield, *Washington* (Public Affairs, 2001).

Escena I: Una santa seguridad
1. Malcolm Gladwell, «The Uses of Adversity», *New Yorker,* 10 noviembre 2008, www.newyorker.com
2. David McCasland, *Oswald Chambers: Abandoned to God: The Life Story of the Author of «My Utmost for His Highest»* (Discovery, 1993).

Escena II: Los símbolos de vida
1. Mitch Albom, *Tuesdays with Morrie* (Random House, 1997).
2. W. Penfield, «Memory Mechanisms», *A.M.A. Archives of Neurology and Psychiatry* 67 (1952), citado por Thomas A. Harris, M.D., *Yo estoy bien, tú estás bien* (Editorial Sirio, 2010).
3. George Russell, «Germinal», en *Vale and Other Poems* (Macmillan, 1931).
4. Alexandryh Solzhenitsyn, *The Oak and the Calf: Sketches of Literary Life in the Soviet Union* (Harper & Row, 1980).

Escena V: El taller del diablo
1. Frederick Buechner, *The Sacred Journey* (HarperCollins, 1982).
2. Paráfrasis de C. S. Lewis, *Mero cristianismo* (Rayo, 2006).
3. Laurie Beth Jones, *The Power of Positive Prophecy: Finding the Hidden Potential in Everyday Life* (Hyperion, 1999).

Clausura: La piedra blanca
1. Frederick Buechner, *The Alphabet of Grace* (HarperOne, 1989).

Dos mil escalones
1. Desde los tiempos de Maimónides, filósofo judío nacido en España, el número tradicional de leyes del Antiguo Testamento ha sido fijado en 613, compuestas por 248 mandamientos positivos y 365 mandamientos negativos.
2. Grupo Barna: «Most Twentysomethings Put Christianity on the Shelf Following Spiritually Active Teen Years», 11 de septiembre de 2006, www.barna.org.

Editorial Nivel Uno

Te invitamos a que visites nuestra página
web donde podras apreciar la pasión por
la publicación de libros y Biblias:

www.EditorialNivelUno.com

@EDITORIALNIVELUNO

@EDITORIALNIVELUNO

@EDITORIALNIVELUNO

Para vivir la Palabra